## 독자의 1초를 아껴주는 정성!

세상이 아무리 바쁘게 돌아가더라도
책까지 아무렇게나 빨리 만들 수는 없습니다.
인스턴트 식품 같은 책보다는
오래 익힌 술이나 장맛이 밴 책을 만들고 싶습니다.
길벗이지톡은 독자여러분이 우리를 믿는다고 할 때 가장 행복합니다.
나를 아껴주는 어학도서, 길벗이지톡의 책을 만나보십시오.

독자의 1초를 아껴주는 정성을 만나보십시오.

---

(주)도서출판 길벗 www.gilbut.co.kr
길벗 이지톡 www.gilbut.co.kr
길벗 스쿨 www.gilbutschool.co.kr

# 짧은 영어패턴 100개의 힘

# 짧은 영어패턴 100개의 힘
The Power of 100 Short English Patterns

초판 1쇄 발행 · 2025년 5월 2일
초판 2쇄 발행 · 2025년 9월 18일

지은이 · 영어언니
발행인 · 이종원
발행처 · (주)도서출판 길벗
브랜드 · 길벗이지톡
출판사 등록일 · 1990년 12월 24일
주소 · 서울시 마포구 월드컵로 10길 56(서교동)
대표 전화 · 02) 332-0931 | 팩스 · 02) 323-0586
홈페이지 · www.gilbut.co.kr | 이메일 · eztok@gilbut.co.kr

기획 및 책임 편집 · 고경환(kkh@gilbut.co.kr), 김대훈 | 표지·본문 디자인 · 최주연
제작 · 이준호, 손일순, 이진혁 | 마케팅 · 차명환, 장봉석, 최소영 | 유통혁신 · 한준희
영업관리 · 김명자, 심선숙 | 독자지원 · 윤정아

편집진행 및 교정교열 · 안현진 | 전산편집 · 허문희
녹음 및 편집 · 와이알미디어 | CTP 출력 및 인쇄 · 예림인쇄 | 제본 · 예림바인딩

- 길벗이지톡은 (주)도서출판 길벗의 성인어학서 출판 브랜드입니다.
- 이 책은 저작권법의 보호를 받는 저작물로 이 책에 실린 모든 내용, 디자인, 이미지, 편집 구성은 허락 없이 복제하거나 다른 매체에 옮겨 실을 수 없습니다.
- 인공지능(AI) 기술 또는 시스템을 훈련하기 위해 이 책의 전체 내용은 물론 일부 문장도 사용하는 것을 금지합니다.
- 잘못 만든 책은 구입한 서점에서 바꿔 드립니다.
- 책 내용에 대한 문의는 길벗 홈페이지(www.gilbut.co.kr) 고객센터에 올려 주세요.

ISBN 979-11-407-1311-0 03740 (길벗 도서번호 301213)

정가 17,000원

---

독자의 1초까지 아껴주는 정성 길벗출판사

(주)도서출판 길벗 | IT단행본, 성인어학, 교과서, 수험서, 경제경영, 교양, 자녀교육, 취미실용  www.gilbut.co.kr
길벗스쿨 | 국어학습, 수학학습, 주니어어학, 어린이단행본, 학습단행본  www.gilbutschool.co.kr

유튜브 @GILBUTEZTOK | 인스타그램 gilbut_eztok | 네이버포스트 gilbuteztok

# 짧은 영어패턴 100개의 힘

영어언니 지음

문법을 몰라도

말이 착착

## Preface

# 짧고 쉬운 100개 패턴이면
# 문장의 반은 일단 해결!

**영어로 말하고 싶으시면 딱 100일만 투자하세요!**

세상엔 참 다양한 영어 공부법이 있고, 패턴 학습법도 그중에 하나죠. 패턴 학습은 그동안 한국인들에게 크게 사랑받았고, 지금도 아주 유효한 학습법입니다. 복잡하지 않고 직관적으로 바로 써먹을 수 있기 때문이죠. 이 책에는 영어 회화의 기본이 되는 기초 패턴 100개가 실려 있어요. 하루 한 패턴씩 100일만 하면 여러분도 영어로 충분히 말할 수 있도록 제가 직접 고르고 골랐습니다.

**짧고 쉬운 패턴 100개면 문장의 반은 일단 해결됩니다!**

영어로 말하고 싶다면 꼭 어렵고 복잡한 문장을 공부할 필요는 없습니다. 아주 짧고 쉬운 문장으로도 가능하고, 그 문장에 있는 패턴만 알아도 충분합니다. 이 책에는 묻고 답하는 짧고 쉽지만 중요한 패턴 100개가 실려 있어요. 생각해 보세요. 영어 회화는 결국 질문하고 답하는 게 전부예요. 질문하는 패턴 50개와 답변하는 패턴 50개면 웬만한 일상 영어는 충분히 할 수 있어요.

**뭐부터 해야 할지 모르는 분들을 위한 100개의 저자 강의!**
이 책에서는 패턴 100개와 함께 저자의 강의 100개도 무료로 제공해요. 각 패턴마다 주요 예문과 번역 그리고 패턴의 뜻과 뉘앙스 등을 제가 직접 설명해 드려요. 놓치기 쉬운 미묘한 의미 차이나 활용법 등도 제가 직접 포인트를 짚어 드려요. 여러분이 잘 이해하도록 최대한 친절하고 쉽게 강의했어요. 강의만 봐도 자신감이 생기실 거예요.

이 책이 나올 때까지 도움을 주신 여러 분들께 감사드립니다. 이 책이 조금이라도 도움이 된다면 더 바랄 게 없습니다. 모두 힘내시길 바랍니다!

*영어언니* 드림

**Contents**

| | | |
|---|---|---|
| **Intro** | 토종 국내파, 영어라는 벽을 넘다 | ⋯ 013 |

## **Q**UESTION : 질문 패턴

| | | |
|---|---|---|
| **Q.001** | **What is** your name? | ⋯ 032 |
| **Q.002** | **Where are** you from? | ⋯ 034 |
| **Q.003** | **How old** are you? | ⋯ 036 |
| **Q.004** | **What do you** do? | ⋯ 038 |
| **Q.005** | **Can you** open the door? | ⋯ 040 |
| **Q.006** | **Who do you** live with? | ⋯ 042 |
| **Q.007** | **When is** your birthday? | ⋯ 044 |
| **Q.008** | **Are you** married? | ⋯ 046 |
| **Q.009** | **Do you** like your job? | ⋯ 048 |
| **Q.010** | **Can you tell me** your name? | ⋯ 050 |
| **Q.011** | **Do I need to** take the train to the zoo? | ⋯ 052 |

| | | |
|---|---|---|
| **Q.012** | **Are you familiar with** this area? | ⋯ 054 |
| **Q.013** | **Are you sure that** it's okay? | ⋯ 056 |
| **Q.014** | **How about** this one? | ⋯ 058 |
| **Q.015** | **Would you** like some coffee? | ⋯ 060 |
| **Q.016** | **How should I** start? | ⋯ 062 |
| **Q.017** | **Why don't we** meet tomorrow? | ⋯ 064 |
| **Q.018** | **Which is** tastier, pizza **or** pasta? | ⋯ 066 |
| **Q.019** | **Do you prefer** coffee **or** tea? | ⋯ 068 |
| **Q.020** | **Have you ever** been to Japan? | ⋯ 070 |
| **Q.021** | **Is it okay to** sit here? | ⋯ 072 |
| **Q.022** | **Could you** pass me the salt? | ⋯ 074 |
| **Q.023** | **How long** does it take? | ⋯ 076 |
| **Q.024** | **How do I** get to the airport? | ⋯ 078 |
| **Q.025** | **What is the most** popular movie? | ⋯ 080 |
| **Q.026** | **How often do you** eat out? | ⋯ 082 |
| **Q.027** | **How many** books **do you** have? | ⋯ 084 |
| **Q.028** | **Is this** your bag? | ⋯ 086 |

| | | |
|---|---|---|
| **Q.029** | **Is that for** summer? | ··· 088 |
| **Q.030** | **Do you mind if I** sit here? | ··· 090 |
| **Q.031** | **How do you feel about** this movie? | ··· 092 |
| **Q.032** | **Do you want me to** help you? | ··· 094 |
| **Q.033** | **Are you done with** your homework? | ··· 096 |
| **Q.034** | **What is it like to** live in a big city? | ··· 098 |
| **Q.035** | **What are you up to** today? | ··· 100 |
| **Q.036** | **What time** is it? | ··· 102 |
| **Q.037** | **Are you aware of** the time? | ··· 104 |
| **Q.038** | **When can I** eat? | ··· 106 |
| **Q.039** | **Is it possible to** visit today? | ··· 108 |
| **Q.040** | **Do you know** my name? | ··· 110 |
| **Q.041** | **What kind of** food do you like? | ··· 112 |
| **Q.042** | **Is there** Wi-Fi here? | ··· 114 |
| **Q.043** | **Did you** go to the doctor? | ··· 116 |
| **Q.044** | **Where should I** park my car? | ··· 118 |
| **Q.045** | **What if** it rains tomorrow? | ··· 120 |

| | | |
|---|---|---|
| **Q.046** | **What happens if** the train is late? | ··· 122 |
| **Q.047** | **What's the difference between** coffee **and** tea? | ··· 124 |
| **Q.048** | **Can I expect to** see you tomorrow? | ··· 126 |
| **Q.049** | **How can I tell if** this fruit is ripe? | ··· 128 |
| **Q.050** | **What's the purpose of** your visit? | ··· 130 |

Chat GPT로 영어 공부하기 ··· 132

## | **A**NSWER : 답변 패턴 |

| | | |
|---|---|---|
| **A.051** | **I can't wait to** see you. | ··· 134 |
| **A.052** | **I was thinking of** cleaning my room. | ··· 136 |
| **A.053** | **She's busy** cook**ing** dinner. | ··· 138 |
| **A.054** | I **look forward to** meet**ing** you. | ··· 140 |
| **A.055** | **No wonder** she's tired. | ··· 142 |
| **A.056** | **I can't think of** a joke. | ··· 144 |
| **A.057** | **I'm from** Korea. | ··· 146 |
| **A.058** | **I recommend** eating healthy food. | ··· 148 |

| | | |
|---|---|---|
| **A.059** | **I live in** France. | ⋯ 150 |
| **A.060** | **I'm** an artist. | ⋯ 152 |
| **A.061** | **I prefer** coffee **over** tea. | ⋯ 154 |
| **A.062** | **I'm interested in** reading books. | ⋯ 156 |
| **A.063** | **I don't like** chocolate. | ⋯ 158 |
| **A.064** | **You should try** the pizza. | ⋯ 160 |
| **A.065** | **My favorite place is** my home. | ⋯ 162 |
| **A.066** | **I want to visit** New York. | ⋯ 164 |
| **A.067** | **Sorry about** the mistake. | ⋯ 166 |
| **A.068** | **Let's** go home. | ⋯ 168 |
| **A.069** | I watch movies **for fun**. | ⋯ 170 |
| **A.070** | **It's because** I'm tired. | ⋯ 172 |
| **A.071** | **It's about** your health. | ⋯ 174 |
| **A.072** | **I think** it's great. | ⋯ 176 |
| **A.073** | **I'd rather** stay home. | ⋯ 178 |
| **A.074** | **I'm glad** you're here. | ⋯ 180 |
| **A.075** | **I'm going to** eat. | ⋯ 182 |

| | | |
|---|---|---|
| **A.076** | The cake **is quite good**. | ··· 184 |
| **A.077** | **I can't stand** the cold. | ··· 186 |
| **A.078** | **I feel like** crying. | ··· 188 |
| **A.079** | **I wish I** could swim. | ··· 190 |
| **A.080** | **I was hoping to** see you. | ··· 192 |
| **A.081** | **There is something about** her. | ··· 194 |
| **A.082** | That dress **looks good on** you. | ··· 196 |
| **A.083** | **I should have helped** you. | ··· 198 |
| **A.084** | **Thank you for** helping me. | ··· 200 |
| **A.085** | **I don't have** a car. | ··· 202 |
| **A.086** | I **am good at** cooking. | ··· 204 |
| **A.087** | **I love** coffee. | ··· 206 |
| **A.088** | **I enjoy** jogging. | ··· 208 |
| **A.089** | **I'm into** jazz. | ··· 210 |
| **A.090** | **In my opinion,** running is fun. | ··· 212 |
| **A.091** | **I work as** a doctor. | ··· 214 |
| **A.092** | **I'm tired of** my job. | ··· 216 |

| | | |
|---|---|---|
| **A.093** | **I was about to** leave. | ··· 218 |
| **A.094** | **That's why** I'm happy. | ··· 220 |
| **A.095** | **To be honest,** I'm tired. | ··· 222 |
| **A.096** | **It's getting** more fun. | ··· 224 |
| **A.097** | **I'm afraid** I'm late. | ··· 226 |
| **A.098** | **I didn't mean to** hurt you. | ··· 228 |
| **A.099** | **I finished** shopping. | ··· 230 |
| **A.100** | **I'm dying to** see you. | ··· 232 |

## Intro

# 토종 국내파, 영어라는 벽을 넘다

영어 공부, 시작도 하기 전에 포기하고 싶으신가요? 아니면 시작은 했지만 금방 포기하셨나요? 제가 딱 그랬습니다. 저는 영어 자체를 두려워했습니다.

# 토종 국내파,
# 영어라는 벽을 넘다

해외에서 영어를 배우지 않은

저 같은 국내파는

평생 영어를 못할 줄 알았습니다.

### 영어만 하면 너무 긴장됐어요

영어로 말하고 싶은데, 말이 나오지 않았던 적 있으신가요? 저는 그런 적이 있었습니다. 중학생 때였어요. 학교 영어 말하기 시험을 앞두고 정말 열심히 준비했죠. 표현을 정리하고, 단어를 반복해 외우고, 혼잣말로 중얼거리며 여러 번 말하는 연습도 했습니다. 그런데 시험 당일, 영어는 제 뜻대로 나오지 않았어요. 손은 떨리고, 입은 굳어 버리고, 머릿속은 순식간에 하얘졌습니다. 결국 거의 한마디도 하지 못한 채 시험이 끝났

고, 복도에서 울음을 터뜨렸습니다. 친구들의 시선이 지금도 또렷이 기억에 남아 있어요.

그 일이 있고 난 뒤로, 저는 영어 앞에만 서면 몸이 먼저 반응하기 시작했어요. 말을 꺼내기도 전에 심장이 빨리 뛰고, 어깨에 힘이 들어가고, 머릿속은 또 복잡해졌죠. 저에게 영어는 늘 '긴장되는 일'이었습니다. 단어를 알아도, 문장을 외워도, 막상 입을 열려 하면 모든 게 불안해졌어요. '이 문장, 맞을까?', '발음이 이상하게 들리진 않을까?', '내가 틀린 말을 하면 어떻게 하지?' 이런 생각들이 머릿속을 가득 채우고, 결국 아는 말조차 꺼내지 못한 채 혼자 마음속으로 삼켜 버리는 날이 많았습니다.

돌이켜 보면 저는 말보다 생각이 많아지는 사람이었던 것 같습니다. 그래서 사람들 앞에서 입을 여는 일이 쉽지 않았죠. 그런 제게 있어 영어로 말한다는 건, 단순히 외국어를 쓰는 일이 아니라 마음속 깊은 두려움과 마주하는 일이었습니다. 성인이 된 후에도 영어는 여전히 부담스러웠습니다. '어떻게 하면 영어를 잘할 수 있을까?' 그 질문을 수없이 되뇌며, 오랜 시간 혼자서 고민하고 또 고민했던 것 같아요. 영어는 자주 저를 긴장하게 만들었고, 잘하고 싶은 마음과 두려움이 늘 함께 따라붙는 존재였습니다.

### 완벽을 포기해야 영어를 할 수 있어요

그랬던 제가, 영어가 무서워 입도 떼지 못했던 제가, 지금은 누군가의 영어 공부를 돕고 있습니다. 얼마 전, 예전 제 모습을 기억하는 친구를 만났습니다. 영어만 나오면 얼어붙던 제가 전국 곳곳의 사람들과 영어를 나누고 있다는 사실에 친구는 정말 놀라더라고요. "넌 어떻게 그 두려움을 이겨 냈어?"라는 친구의 물음에 저도 잠시 멈춰 생각하게 됐습니다. 사실 처음부터 많은 사람을 가르친 건 아니에요. 제 경험과 노하우를 어떻게든 나누고 싶어서 처음엔 학교 후배들을 도왔습니다. 그 시간이 쌓이면서 자연스럽게 더 많은 사람들과 이어지게 됐습니다.

두려움을 어떻게 이겨 냈냐고요? 거창한 비법은 없었어요. 그냥, '완벽하게 하겠다'는 마음을 내려놓았습니다. 완벽한 문장, 완벽한 단어, 완벽한 발음. 그런 것들을 다 갖춰야만 말할 수 있다는 생각을 조금씩 내려놓기로 했습니다. 그리고 목표를 아주 작고 구체적으로 정했어요. '오늘은 패턴 하나만 제대로 이해해 보자' 딱 그 정도로요. 처음엔 변화가 느껴지지 않아서 조급해하기도 했습니다. 그런데 어느 날, 문득 뒤를 돌아보니 생각보다 많은 것들이 달라져 있더라고요. 저는 이제, 성장은 속도가 아니라 기울기라는 걸 조금은 알 것도 같습니다. 영어는, 결코 넘을 수 없는 벽이 아니었습니다.

# 영어가 내 앞에 세웠던
# 장애물들

영어를 배우는 과정에서 저는 생각지도 못했던
다양한 문제들에 부딪혔습니다. 단순히 영어 울렁증이나
시험 성적만의 문제가 아니었어요.
정말 예기치 못한 상황들이 저를 힘들게 했죠.

### 시간이 부족해요

일상에 쫓기다 보니 영어 공부를 위한 시간을 따로 내는 것이 쉽지 않았어요. 밤늦게 집에 돌아오면 너무 피곤해서 책을 펼치는 것조차 힘들 때가 많았죠. '내일은 꼭 영어 공부를 해야지'라고 다짐해도, 다음 날은 또 다른 이유로 미루게 되었습니다. 그러다 보니 '이렇게 해서는 안 될 텐데'라는 불안감만 커지곤 했습니다. 특히, 시간이 없는 가운데 집중력을 유지하는 것이 정말 힘들었어요. 본업을 마치고 또다시 영어 공부를 위해 앉아 있는 건 생각보다 더 어려운 일이었습니다.

### 영어를 쓸 일이 없어요

영어를 배우기 위해서는 실제로 영어를 사용하는 환경에 자주 노출되어야 한다고들 하죠. 하지만 한국에서, 특히 영어를 자주 사용할 일이 없는 생활 환경에서는 이런 기회가 거의 없었습니다. 외국인 친구를 사귀거나 영어를 쓸 기회를 만들고 싶었지만, 어디서부터 어떻게 시작해야 할지 막막하기만 했습니다. 혼자 유튜브나 영화를 보며 공부를 시도했지만, 대화 상대가 없으니 발전 속도가 더디게 느껴지고 제대로 하는 건지 항상 의문이 들었습니다. 특히, 영어로 대화할 기회가 없는 상황에서 혼자 중얼거리며 연습해야 하는 것은 쉽지 않았습니다. 대화라는 건 상대가 있어야 자연스럽게 이루어지는데, 혼자서는 그 재미와 동기 부여가 부족했죠.

### 왜 해야 하는지 모르겠어요

처음에는 '영어를 잘하고 싶다'는 열정으로 시작했지만, 시간이 지나면서 '왜 이렇게까지 해야 하지?'라는 의문이 들 때가 많았어요. 목표가 명확하지 않다 보니, 중간에 공부를 멈추고 싶어질 때가 많았습니다. 영어가 중요하다는 건 막연히 알았지만, 구체적으로 '이걸 배워서 내가 무엇을 할 수 있을까?'를 생각하면 선뜻 떠오르지 않았죠. 이처럼 뚜렷한 목표 의식이 없다 보니, 전혀 동기 부여를 할 수가 없었습니다. 영어를 배워야 한다는 압박감에 사로잡혀 오히려 공부가 더 하기 싫어

졌습니다. 열정이 점점 식어가면서, '이만큼 했으면 됐다'며 스스로를 위로하며 공부를 멈췄던 적도 많았습니다.

### 너무 지루해요

단어를 외우고, 문법을 공부하고, 회화를 연습하는 반복적인 과정이 저에게는 너무 따분하게 느껴졌습니다. 새로운 것을 배우는
설렘보다는 '이 공부가 언제쯤 끝날까?'라는 생각이 항상 앞섰습니다. 매일 같은 방식으로 공부하다 보니 흥미를 잃어 갔고, 영어가 점점 부담스럽게 느껴졌죠. 특히, 단어장을 펼칠 때면 끝없는 단어 목록이 저를 압도하며 '이걸 다 외울 수 있을까?'라는 걱정이 앞섰습니다. 학습의 재미를 느끼기보다, 단순히 해야 한다는 의무감에 공부를 지속했던 날들이 많았습니다.

### 단순한 목표를 정해 꾸준히 하는 게 중요해요

이런 장애물들을 어떻게 극복했냐고요? 사실 모든 걸 한 번에 해결한 건 아니었어요. 먼저, 시간 부족 문제를 해결하기 위해 저는 짧은 시간이라도 집중적으로 공부하기로 했습니다. 하루 10분이면 충분하다는 생각으로, 짧고 간단한 목표를 세웠어요. 예를 들어, '오늘은 패턴 한 가지를 연습한다'거나 '단어 5개를 외운다'는 식으로요. 이렇게 구체적이고 실현 가능한 목표를 설정하니 부담감이 줄었고, 꾸준히 할 수 있겠다는 자신감이 생겼습니다. 특히 패턴 학습법은 이런 상황에서 빛을 발했습니다. 이와 함께 영어로 된 드라마나 유튜브 영상을 짧게라도 자막 없이 보는 연습도 자주 했습니다. 처음에는 어려웠지만, 반복하다 보니 조금씩 익숙해지기 시작했습니다.

작지만 간단한 목표를 명확하게 정하면서 동기 부여 부족 문제도 어느 정도 해결되었습니다. 단순히 '영어를 잘하고 싶다'는 막연한 목표 대신, '오늘은 뉴스 영상 한 편을 자막 없이 보기', '이번 주 안에 자주 쓰는 표현 3개 익히기' 같은 구체적인 목표를 세웠습니다. 목표가 명확해지니 작은 성취도 크게 느껴졌고, 그 과정에서 영어 공부의 필요성이 더 확실해졌습니다.

지루함을 극복하는 데는 다양한 학습 방식을 시도해 본 것이 큰 도움이 됐습니다. 단순히 단어를 외우는 대신, 재미있는 영어 콘텐츠를 보거나 직접 말을 해 보는 활동으로 바꿨어요. 영어로 된 책을 소리 내어 읽거나, 내가 좋아하는 주제로 영어 일기를 쓰기도 하고, 좋아하는 드라마를 보기도 했죠. 가끔 팝송 가사를 보며 따라 부르고 가사를 번역해 보기도 했고요. 학습 방식에 계속 변화를 주는 것은 필수라고 생각해요. 어떤 사람이든 매너리즘에 빠지기 마련이거든요.

결국 영어 공부는 단순히 노력만으로 되는 것이 아니라, 나에게 맞는 방법을 찾아 가는 과정인 것 같습니다. 뭐든 상관없이 꾸준히 즐겁게 할 수 있는 방법을 찾는 것이 가장 중요합니다. 영어 공부가 막막하게 느껴지신다면, 먼저 자신의 흥미를 끄는 작은 목표부터 시작해 보세요. 대신 조건이 하나 있습니다. 꼭 하루에 몇 분이라도, 단 몇 초라도 영어를 들여다보는 것입니다. 언어는 습관의 영역에 들어가는 것이 제일 중요합니다. 그렇게 한 걸음 한 걸음씩 나아가다 보면, 어느새 영어가 조금은 더 익숙해져 있을 겁니다.

그리고 결코 잘하는 사람을 부러워하지 마세요. 그냥 어제보다 잘하는 내 모습만 상상하세요!

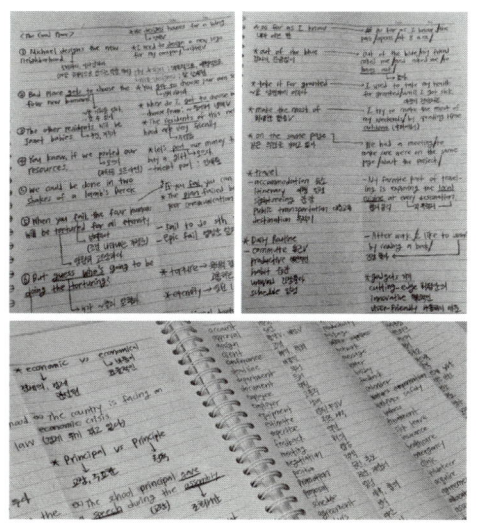

▲ 막무가내로 쓰고 외우려 했던 시행착오를 겪던 시절의 노트

# 왜
# 패턴인가?

처음에는 무식하게 영어 문장을 통째로 외우는 데
집중했지만, 하면 할수록 단어가 따로 놀고
문장을 실제로 사용할 때 자연스럽게 떠오르지 않았죠.
그때 깨달은 것이 바로 패턴의 중요성입니다.

### 첫째, 실생활에서 바로 사용할 수 있어요

패턴 학습법의 가장 큰 장점은 일상에서 바로 써먹을 수 있다는 점입니다. 해외 여행중 길을 물어봐야 하는데 어떤 말을 해야 할지 몰라 당황한 경험이 한 번쯤 있으실 겁니다. 하지만 How do I get to ~?라는 간단한 패턴 하나면 바로 해결이 가능하죠. 복잡하고 어려운 말은 필요 없습니다. 지나가는 외국인에게 "How do I get to + 장소?" 하고 물으면 됩니다.

이 학습법의 핵심은 '암기한 표현을 그대로 사용하는 것'이 아니라, 상황에 맞게 단어만 바꿔서 쓸 수 있다는 데 있습니다. 하나의 간단한 문장을 배우고 나면, 그 문장을 다른 상황에 적용하는 방법을 익히게 됩니다. 실생활에서 자주 쓰이는 표현을 중심으로 학습하면, 영어가 점점 익숙해지고 실제로 쓸 수 있는 언어로 다가오게 되죠.

### 둘째, 영어 울렁증을 극복할 수 있어요

앞에서도 언급했지만 제가 영어를 말하기 어려웠던 가장 큰 이유는 '틀리면 어떡하지?'라는 두려움 때문이었습니다. 이런 두려움은 말문을 여는 것조차 망설이게 만들죠. 그런데 패턴을 배우고 쓰면 이를 극복할 수 있는 힘이 생깁니다.

패턴은 문장 자체가 아니라 짧은 의미 덩어리입니다. 각 패턴마다 고유한 뜻을 가지고 있고, 대부분 상황에 따라 크게 변하지 않습니다. 예를 들어 누군가에게 도움을 요청해야 하는 상황에선 그냥 "Can you ~?"라고만 해도 상대방은 바로 이해하고 도와줄 겁니다. 꼭 help나 give me a hand 같은 말을 붙이지 않아도, 상황에 맞게 패턴만 잘 내뱉어도 된다는 얘기입니다.

가장 중요한 것은 틀릴까 봐 걱정하지 않는 마음가짐입니다. '완벽하지 않아도 된다'란 태도를 가지면 영어에 대한 두려움이 확실히 줄어듭니다. 이는 영어 교육 전문가들도 명확하게 언급하는 부분입니다. 틀린 말이라도 그냥 내뱉는 것이 아무 말도 안 하는 것보다 훨씬 낫고 언어에 익숙해지는 길이라고 합니다. 그렇게 하다 보면 영어 울렁증은 극복됩니다.

### 셋째, 복잡한 문법 지식 없이도 말할 수 있어요

영어를 완벽하게 잘하려면, 결국 문법을 제대로 공부하는 게 맞습니다. 하지만 문법이 너무 어렵게 느껴져서 공부하다가 중간에 포기해 버리고, 결국 영어로 한마디도 말하지 못하게 된다면… 그건 정말 안타까운 일이라고 생각합니다. 완벽하진 않아도, 한마디라도 말할 수 있는 편이 훨씬 낫습니다. 그런 면에서 '패턴으로 공부하는 방식'은 영어를 처음 시작하는 분들에게 특히 효과적이에요. 실제로 간단한 패턴 표현을 반복해서 익히다 보면, 문법을 따로 정리해서 외우지 않아도 영어가 조금씩 자연스럽게 익숙해지기 시작합니다. 오히려 이 과정을 통해 문법이 머리로만 이해되는 게 아니라 차근차근 체득되는 경험을 하게 되죠.

### 넷째, 정말 효율적이에요

패턴 학습법은 무작정 단어를 외우거나 긴 문장을 암기하는 것보다 훨씬 효율적인 학습법입니다. 패턴 하나만 익혀도 단어만 바꾸면 다양한 문장을 만들 수 있기 때문이죠. 문장 전체를 암기할 필요도, 분석할 필요도 없습니다. 패턴을 보고 이해하고 응용하면 됩니다. 거의 모든 패턴은 쉽게 응용이 가능할 정도로 짧고 간결하기 때문입니다.

매우 짧은 시간 안에 효과를 볼 수 있다는 점도 큰 장점이죠. 하루 딱 10분씩만 투자해도 실제 상황에서 써먹을 수 있는 문장을 만들 수 있는 능력이 생기기 때문입니다. 이렇게 익힌 패턴은 실전에서 바로 사용할 수 있을 뿐 아니라, 영어에 대한 자신감을 키워 줍니다. 저의 경우도 패턴 하나를 익힐 때마다 '이제는 영어로도 이 말을 할 수 있겠구나'라는 확신이 생기고, 영어 학습을 지속할 수 있는 강력한 동기 부여가 되었습니다. 결국, 패턴 학습법은 영어라는 벽을 넘어서게 해 주는 가장 강력한 도구입니다.

# 질문과 답변, 말문이 트이는 비밀

우리가 나누는 대화는 대부분 질문과 답변으로 이루어져 있습니다.
따라서 물어보는 법을 알고 답하는 법을 알면 대화를 할 수 있죠.
영어 대화의 가장 핵심적인 질문과 답변 패턴을 이 책에 실었습니다.

### 질문과 답변 패턴 100개면 당신도 영어로 말할 수 있습니다!

이 책의 구성은 크게 두 가지, '질문 패턴'과 '답변 패턴'으로 나뉘어 있습니다. 왜 이렇게 나누었냐고요? 제가 영어를 배울 때 가장 어려웠던 점은 '어디서부터 시작해야 할지 모르겠다'는 것이었어요. 무작정 영어 단어를 외우거나 문법책을 봐도, 실제로 대화할 때는 입이 떨어지지 않더라고요. 하지만 '질문'과 '답변'이라는 기본적인 대화 구조를 익히니까 조금씩 말문이 트이기 시작했어요. 그래서 이 책에서도 그런 방식을 택했습니다.

질문 패턴은 말문을 여는 데 정말 큰 도움이 됩니다. 대화를 시작할 때 '뭐라고 말해야 하지?'라는 고민을 덜어 주죠. 상황에 맞는 질문을 자연스럽게 할 수 있도록 이 책의 질문 패턴을 뽑았습니다. 고민하지 않고 영어로 먼저 질문을 던질 수 있도록, 아주 쉽고 실용적인 표현들로 채웠습니다.

반면 답변 패턴은 상대방이 던진 질문에 반응하는 능력을 길러 줍니다. 어떤 질문에도 통할 수 있는 답변 패턴을 알면, 자신의 경험이나 의견을 영어로 표현하는 데 점점 익숙해질 수 있습니다.

## 국내파도 된다니까!
## 패턴으로 영어 정복하기

영어를 해외에서 배우면 물론 제일 좋겠죠.
하지만 국내에서도 충분히
영어를 잘할 수 있는 방법은 있습니다.

### 국내파도 영어를 잘할 수 있습니다!

"해외파가 아닌 이상 영어를 잘하기 힘들다"는 이야기를 들어본 적 있으시죠? 이런 말 때문에 '내가 한국에서만 살아서 영어가 이렇게 어렵구나'라고 생각하며 좌절하신 분도 계실 겁니다. 하지만 여러분, 그런 생각은 정말 버리셔야 해요. 한국에서만 영어를 공부하고 성과를 거둔 토종 국내파로서 단언합니다. 해외 경험 없이도 누구나 영어를 잘할 수 있어요.

당연히 해외 경험이 있다면 좋은 것은 사실입니다. 실제 외국인과의 의사소통이 가장 자연스러운 언어 향상 방법이라는 것은 누구나 다 알고 있습니다. 하지만 영어 회화는 좋은 문장을 반복적으로 듣고 말해 보는 방식으로 충분히 국내에서 효율적으로 학습할 수 있습니다. 단, 좋은 '인풋'이 필요합니다. 이 책에 실린 100개의 패턴과 다양한 예문은 실생활에서 활용도가 높은 '아주 좋은 인풋'의 재료입니다. 활용 빈도가 높은 질문과 답변의 대표 패턴들을 모아 놓아, 이 책에 나온 패턴들만 잘 학습해도 필요한 의사소통은 충분히 가능합니다.

만약 여러분이 원어민 수준의 영어를 원한다면 이 책보다는 당장 원어민을 만나 대화를 나누는 게 좋은 방법일지도 모릅니다. 하지만 꼭 필요한 만큼의 의사소통을 영어로 하고 싶다면 이 책이 좋은 가이드가 되어 줄 거예요. 지금 바로 영어 회화 공부를 시작해 보세요.

오늘부터 시작한 작은 노력이, 여러분의 미래를 바꿀 겁니다. 여러분의 영어 여정을 진심으로 응원하고, 이 책이 하나의 징검다리가 되길 바랍니다.

## Question

## 질문 패턴

여러분은 혼잣말로 대화를 시작할 수 있나요? 모든 대화의 시작은 질문입니다. 질문을 잘해야 대화의 물꼬가 트이고 의사소통이 되는 거죠. 영어로 질문을 잘할 수 있는 패턴 50개를 모았습니다.

 **Q.001**

# What is your name?
**당신의 이름은 무엇인가요?**

## What is your opinion?

## What is the matter?
*matter는 '문제', '상황'이란 뜻입니다.

## What is your favorite color?
*favorite은 '가장 좋아하는'이란 뜻이고, color는 '색'을 의미합니다.

## What is your address?

## What is your phone number?

★ 말 만들어 보기 | 한글을 보고 영어를 만들어 보세요. 답은 오른편에 있습니다.

당신의 이메일 주소는 무엇인가요?
당신의 삶에서 가장 중요한 것은 무엇인가요?

*important 중요한

Q.001 강의 :

What is ~?는 '~는 무엇인가요?'라는 뜻이에요. 어떤 정보나 의견을 물어볼 때 자주 쓰는 표현입니다. What is your name?(이름이 무엇인가요?), What is your favorite color?(가장 좋아하는 색은 무엇인가요?)처럼, 간단하게 물어볼 수 있어요. 일상 대화에서는 보통 줄여서 What's ~?라고 말해요. 짧고 자연스러워서, 대화를 시작하거나 이어 갈 때 딱 좋아요.

### 당신의 의견은 무엇인가요?


### 무슨 문제가 있나요?
* '문제'라는 단어를 영어로 먼저 떠올려 보세요!


### 당신이 가장 좋아하는 색은 무엇인가요?
* '가장 좋아하는'은 영어로 어떻게 말할 수 있을까요?


### 당신의 주소는 무엇인가요?


### 당신의 전화번호는 무엇인가요?




What is your email address?

What is the most important thing in your life?

# Q.002

## Where are you from?
**어디에서 오셨나요?**

**Where are** my friends?

**Where are** the hospitals in this city?

**Where are** your siblings?
* siblings는 '형제자매'라는 뜻이에요.

**Where are** you right now?

**Where are** the files?

★ 말 만들어 보기 ㅣ 한글을 보고 영어를 만들어 보세요. 답은 오른편에 있습니다.

아이들은 어디에 있나요?
원래 어디 출신이신가요?

* originally 원래

Q.002 강의 :

Where are ~?는 '~는 어디에 있나요?'란 뜻이에요. 위치를 물어볼 때 자주 쓰는 표현입니다. 보통 뒤에는 복수 명사나 복수 대명사가 따라와요. 만약 단수 명사가 오면 Where is ~?로 써야 해요. 그리고 you는 항상 복수 취급하니까, 한 명이든 여러 명이든 Where are you?로 써야 맞아요.

### 내 친구들은 어디에 있나요?
\* 친구 한 명이 아니라 '친구들'로, 여러 명이라는 것에 주의하세요.

### 이 도시에 있는 병원들은 어디에 있나요?

### 당신의 형제자매는 어디에 있나요?

### 지금 어디에 있나요?
\* '지금'이라는 표현은 영어로 어떻게 말할 수 있을까요?

### 파일들은 어디에 있나요?

Where are the kids?
Where are you from originally?

 **Q.003**

# **How old** are you?
**몇 살이신가요?**

# **How tall** are you?
*tall은 '키가 큰'이란 뜻이에요.

# **How long** is it?

# **How big** is your house?

# **How deep** is the pool?

# **How comfortable** is the chair?
*comfortable은 '편안한'이란 뜻이에요.

★ 말 만들어 보기 | 한글을 보고 영어를 만들어 보세요. 답은 오른편에 있습니다.

그녀는 얼마나 화가 났나요?　　　　　　　..................................................
여기서 얼마나 먼가요?　　　　　　　　　..................................................

*mad 화난　far 먼

Q.003 강의 :

---

'How + 형용사 + be동사 + 주어?'는 '~는 얼마나 …한가요?'라는 뜻이에요. 사람이나 사물의 상태나 정도, 특징을 물어볼 때 자주 씁니다. How 뒤에 다양한 형용사를 넣을 수 있어서, 궁금한 점이나 필요한 정보를 자연스럽게 물어볼 수 있어요.

### 키가 얼마나 크신가요?
* '키가 큰'이라는 의미를 가진 형용사를 먼저 떠올려 보세요.

### 그것의 길이는 얼마나 되나요?

### 당신의 집은 얼마나 큰가요?

### 수영장이 얼마나 깊나요?

### 의자가 얼마나 편안한가요?
* '얼마나'는 영어로 how예요.

How mad is she?
How far is it from here?

# Q.004

## What do you do?
어떤 일을 하시나요?

## What do you mean?
*mean은 '의미하다'란 뜻이에요.

## What do you think of this dress?
*think of 뒤에는 명사 또는 동명사(-ing)가 옵니다.

## What do you want to eat for dinner?

## What do you say?

## What do you enjoy doing?

★ **말 만들어 보기** | 한글을 보고 영어를 만들어 보세요. 답은 오른편에 있습니다.

주말에 무엇을 하세요?  ..................................................
무엇이 필요하세요?  ..................................................

*on the weekends 주말에

Q.004 강의 :

What do you ~?는 '당신은 무엇을 ~하나요?'라는 뜻이에요. 상대방의 행동, 생각, 감정, 취향 등을 물어볼 때 자주 쓰여요. 예를 들어 What do you do?는 직업을 물을 때 쓰는 말이에요. What's your job?이나 What do you do for a living?도 같은 뜻이에요. 특히 What do you do for a living?은 '먹고살기 위해 어떤 일을 하세요?'처럼 좀 더 자세하게 묻는 말이에요.

### 무슨 의미인가요?

### 이 드레스 어때요?

### 저녁에 뭐 먹고 싶으세요?
* '저녁 식사'는 영어로 어떻게 말할까요? d로 시작한답니다!

### 어떻게 생각해요?
* 직역하면 '당신은 무엇을 말하시나요?'이지만, '어떻게 생각해요?'로 자연스럽게 해석하시면 돼요.

### 즐기는 일이 무엇인가요?

What do you do on the weekends?
What do you need?

# Q.005

## Can you open the door?
문 좀 열어 주시겠어요?

### Can you help me?

### Can you explain this to me?
*explain은 '설명하다'란 뜻이에요.

### Can you hear me?

### Can you write it down?
*write down it은 어색한 표현이고, write it down이라고 써야 합니다.

### Can you fix this?

---

★ 말 만들어 보기 | 한글을 보고 영어를 만들어 보세요. 답은 오른편에 있습니다.

불을 꺼 주실 수 있나요? ..................................................
비밀을 지켜 주실 수 있나요? ..................................................

*keep a secret 비밀을 지키다

Q.005 강의 :

Can you ~?는 크게 두 가지 뜻이 있어요. 1. 할 수 있는지를 물어보거나, 2. 정중하게 부탁할 때 사용할 수 있어요. 예를 들어 Can you swim?(수영할 수 있어요?)은 진짜 수영을 할 줄 아는지 묻는 거고, Can you help me?(저 좀 도와주실래요?)는 도와줄 수 있는지 물으며 부탁하는 거예요. 더 공손하게 말하고 싶을 땐 Could you ~?를 쓰면 돼요.

### 저 좀 도와주실래요?

### 이것 좀 저에게 설명해 주시겠어요?

### 제 목소리가 들리시나요?
*의식하지 않아도 들릴 때 동사 hear를 사용해요!

### 그걸 적어 주시겠어요?
*이 문장을 영작할 때 '적다'를 구동사를 사용해 표현해 보세요!

### 이거 고쳐 주실 수 있나요?

Can you turn off the lights?
Can you keep a secret?

# Q.006

## Who do you live with?
**누구와 함께 사시나요?**

## Who do you love?

## Who do you want to meet?

## Who do you talk to?
*talk to는 '~와 이야기하다'라는 뜻입니다.

## Who do you work with?
*work with는 '~와 같이 일하다'라는 뜻이에요.

## Who do you study with?

★ **말 만들어 보기** | 한글을 보고 영어를 만들어 보세요. 답은 오른편에 있습니다.

당신이 싫어하는 사람은 누구인가요?  
피하고 싶은 사람은 누구인가요?

*avoid 피하다

Q.006 강의 :

Who do you ~?는 '당신은 누구를 ~하나요?'라는 뜻이에요. 누군가와의 관계나 행동을 물어볼 때 자주 쓰여요. Who do you work with?(같이 일하는 사람이 누구인가요?)는 함께 일하는 사람이 누군지 물어보는 거고, 상대방과 대화를 나눌 때 쓰기 딱 좋아요.

### 당신은 누구를 사랑하나요?

### 당신은 누구를 만나고 싶으세요?

### 누구와 이야기를 하시나요?
*전치사 to를 포함해서 말해 보세요!

### 같이 일하는 사람이 누구인가요?

### 같이 공부하는 사람이 누구인가요?
*전치사 with을 포함해서 말해 보세요!

Who do you hate?

Who do you want to avoid?

# Q.007

# **When is** your birthday?
**당신 생일은 언제인가요?**

### When is the meeting?

### When is the deadline?
* '마감일'은 영어로 deadline입니다.

### When is the event?

### When is lunch?

### When is the best time to call you?
*to call you는 to 부정사입니다.

★ **말 만들어 보기** | 한글을 보고 영어를 만들어 보세요. 답은 오른편에 있습니다.

콘서트는 언제인가요?  ..................................................
다음 여행은 언제인가요?  ..................................................

*trip 여행

Q.007 강의 :

When is ~?는 '~는 언제인가요?'라는 뜻이에요. 어떤 시간이나 날짜, 또는 일이 언제인지 물어볼 때 써요. When is ~?는 영어를 처음 배우는 사람도 쉽게 쓸 수 있는 표현이에요. When is the meeting?[회의는 언제인가요?]처럼 일정이나 약속을 확인할 때도 쓰여요.

### 회의는 언제인가요?

### 마감일이 언제인가요?
* '마감일'은 영어로 어떻게 말할 수 있을까요?

### 행사는 언제인가요?

### 점심은 언제인가요?

### 당신에게 전화하기 가장 좋은 시간은 언제인가요?
* to 부정사를 사용해 말해 보세요! to 부정사란 'to + 동사원형' 형태를 말해요.

When is the concert?

When is your next trip?

# Q.008

## **Are you married?**
결혼하셨나요?

### Are you free tomorrow?

### Are you scared?
*scared는 '무서워하는', '겁먹은'이란 뜻이에요.

### Are you on your way?
*on one's way는 '어떤 목적지로 향하고 있는'이라는 뜻이에요.

### Are you confused?

### Are you at the park?

---

★ 말 만들어 보기 | 한글을 보고 영어를 만들어 보세요. 답은 오른편에 있습니다.

사랑에 빠졌나요?　　　　　　　　　　......................................................
진심인가요?　　　　　　　　　　　　......................................................

*in love 사랑에 빠진　serious 진심인, 진지한

Q.008 강의:

Are you ~?는 '당신은 ~인가요?'라는 뜻이에요. 상대방의 상태나 상황을 물어볼 때 쓰는 기본 표현이에요. Are you happy?는 '당신은 행복한가요?'라는 뜻이에요. 이 표현은 형용사나 전치사구랑 같이 써서 여러 가지 질문을 만들 수 있어요.

### 내일 시간 있어요?

### 무서워요?
\* scared라는 단어를 써서 영작해 보세요!

### 오는 중이에요?

### 헷갈리나요?

### 공원에 있나요?

Are you in love?
Are you serious?

# Q.009

## **Do you** like your job?

**일은 마음에 드시나요?**

### **Do you** enjoy traveling?

### **Do you** like to drink coffee?

### **Do you** prefer tea or coffee?

*Do you prefer A or B?는 'A를 더 좋아하시나요, 아니면 B를 더 좋아하시나요?'라는 의미예요.

### **Do you** have a car?

### **Do you** get up early?

★ 말 만들어 보기 | 한글을 보고 영어를 만들어 보세요. 답은 오른편에 있습니다.

외식을 자주 하시나요?         ....................................
혼자 사시나요?               ....................................

*eat out 외식하다

Q.009 강의 :

Do you ~?는 평소에 자주 하는 일을 물을 때 쓰는 표현이에요. Do you get up early?(일찍 일어나시나요?)처럼 쓸 수 있습니다. 상대방의 습관이나 취향을 알아보면서, 자연스럽게 대화를 시작할 수 있어요.

### 여행을 즐기시나요?

### 커피 마시는 거 좋아하시나요?

### 차를 더 좋아하시나요, 아니면 커피를 더 좋아하시나요?
*동사 prefer를 사용해 문장을 만들어 보세요!

### 차가 있으시나요?

### 일찍 일어나시나요?
*'일어나다'는 영어로 뭐라고 할까요?

Do you eat out often?

Do you live alone?

# Q.010

## Can you tell me your name?
**성함을 말씀해 주시겠어요?**

### Can you tell me about what you do for a living?
*직업이 무엇인지 묻는 표현입니다.

### Can you tell me about your hobbies?

### Can you tell me what your favorite food is?
*what is your favorite food 순서가 아닌, 간접의문문(의문사 + 주어 + 동사) 구조인 what your favorite food is로 써 주셔야 합니다.

### Can you tell me about your dream?

### Can you tell me what time it is?

---

★ 말 만들어 보기 | 한글을 보고 영어를 만들어 보세요. 답은 오른편에 있습니다.

당신의 직업에 대해 말씀해 주시겠어요? ......................................
무엇이 당신을 동기부여하는지 알려 주시겠어요? ......................................

*motivate 동기부여하다

Q.010 강의 :

Can you tell me ~?는 '~를 알려 주시겠어요?'란 뜻이에요. 누군가에게 정보를 정중하게 요청할 때 자주 써요. 단순히 알려 달라는 말보다, 상대방의 지식이나 경험을 존중하는 느낌이 듭니다.

### 당신이 먹고살기 위해 하는 일에 대해 말씀해 주시겠어요?

### 당신의 취미에 대해 말씀해 주시겠어요?
* '취미'는 영어로 뭐라고 할까요?

### 가장 좋아하는 음식이 무엇인지 알려 주시겠어요?

### 당신의 꿈에 대해 말씀해 주시겠어요?

### 몇 시인지 알려 주시겠어요?

Can you tell me about your job?
Can you tell me what motivates you?

# Q.011

## Do I need to take the train to the zoo?
**동물원까지 기차를 타고 가야 하나요?**

### Do I need to bring anything?

### Do I need to wait here?

### Do I need to be on time?
*on time은 '정시에'라는 뜻이에요.

### Do I need to check in early?
*check in은 말 그대로 '체크인하다'라는 의미예요.

### Do I need to write a report?

---

★ 말 만들어 보기 | 한글을 보고 영어를 만들어 보세요. 답은 오른편에 있습니다.

일찍 떠나야 하나요?
현금을 가져와야 하나요?

*cash 현금

Q.011 강의 :

Do I need to ~? 이 표현은 '제가 ~해야 하나요?'라는 의미예요. 어떤 행동이 꼭 필요한지, 아니면 선택해도 되는지를 상대방에게 물을 때 사용돼요. 예를 들어, Do I need to bring anything?이라고 하면 '제가 뭔가를 가져와야 하나요?'처럼 들리는데, 단순히 물건을 챙기는지 여부만 묻는 게 아니라 '상대방이 나에게 뭘 기대하고 있는지'를 조심스럽게 확인하는 느낌이에요.

### 제가 뭔가를 가져와야 하나요?

### 여기서 기다려야 하나요?

### 정시에 도착해야 하나요?

### 일찍 체크인해야 하나요?
* '체크인하다'는 영어로 무엇일까요? 쉽답니다!

### 보고서를 작성해야 하나요?

Do I need to leave early?
Do I need to bring cash?

# Q.012

## Are you familiar with this area?

**이 지역에 대해 잘 아시나요?**

### Are you familiar with this brand?

### Are you familiar with this app?

### Are you familiar with the menu?

### Are you familiar with the pricing?
*pricing은 '가격 책정'이라는 뜻이에요.

### Are you familiar with the book?

★ **말 만들어 보기** | 한글을 보고 영어를 만들어 보세요. 답은 오른편에 있습니다.

채용 절차에 대해 잘 아시나요?

이 도구에 대해 잘 아시나요?

*hiring process 채용 절차  tool 도구

Q.012 강의 :

Are you familiar with ~? 이건 '~에 대해 잘 아시나요?'라는 뜻인데요, 상대방이 어떤 정보, 기술, 장소 등에 대해 알고 있는지 부드럽게 확인할 때 쓰는 표현이에요. 처음부터 '이거 할 줄 아세요?'라고 단도직입적으로 묻는 대신, 이 표현을 쓰면 훨씬 더 공손하고 자연스러운 대화가 되죠.

### 이 브랜드에 대해 잘 아시나요?
* '~에 대해 잘 아시나요?'는 어떤 패턴일까요?

### 이 앱에 대해 잘 아시나요?

### 메뉴에 대해 잘 아시나요?

### 가격 책정에 대해 잘 알고 계신가요?
* '가격 책정'이 영어로 어떻게 되는지 생각해 보세요!

### 이 책에 대해 잘 아시나요?

Are you familiar with the hiring process?
Are you familiar with this tool?

# Q.013

## Are you sure that it's okay?
**괜찮은 게 확실한가요?**

### Are you sure that Jeremy wrote this?

### Are you sure that you want to do this?

### Are you sure that the train is on time?
\* on time은 '제시간에'라는 의미예요.

### Are you sure that this is the right way?

### Are you sure that it's working?
\* work는 여기에서 '작동하다'라는 의미로 쓰였어요.

---

★ **말 만들어 보기** | 한글을 보고 영어를 만들어 보세요. 답은 오른면에 있습니다.

그가 이해할 게 확실한가요? .................................................
준비된 게 확실한가요? .................................................

\* understand 이해하다

Q.013 강의 :

Are you sure that + 주어 + 동사? 이 패턴은 '정말 ~가 맞나요?' 또는 '~가 확실한가요?'라는 의미를 갖고 있어요. 상대방의 말이나 행동, 결정이 올바른지 확인하거나, 혹시 실수가 아닌지 부드럽게 되짚어 주고 싶을 때 쓰는 표현이죠. 정면으로 반박하는 대신, 상대방이 스스로 확인해 보도록 유도하는 뉘앙스를 담고 있어서 대화가 더 유연해져요.

### 제레미가 이 글을 쓴 게 확실한가요?

### 이것을 하고 싶은 게 확실한가요?

### 기차가 제시간에 오는 게 확실한가요?
* '제시간에'라는 표현은 영어에서 자주 쓰인답니다.

### 이 길이 맞는 게 확실한가요?

### 작동하고 있는 게 확실한가요?

Are you sure that he'll understand?
Are you sure that it's ready?

# Q.014

## How about this one?

이건 어때요?

## How about tomorrow?

## How about watching a movie?
*about 뒤에는 명사 혹은 동명사(-ing) 형태가 주로 와요.

## How about giving some advice?
*advice는 '충고', advise는 '충고하다'란 뜻입니다.

## How about taking a nap?

## How about playing a game?

★ 말 만들어 보기 | 한글을 보고 영어를 만들어 보세요. 답은 오른편에 있습니다.

더 연습하는 건 어때요?　　　　　　　　　.................................................
이 책은 어때요?　　　　　　　　　　　　.................................................

*practice 연습하다

Q.014 강의 :

How about ~?은 '~는 어때요?'라는 뜻으로, 뭔가를 제안하거나 의견을 물을 때 딱 좋은 표현이에요. 예를 들어 How about watching a movie?라고 하면, '영화를 보는 건 어때요?'라고 자연스럽게 제안하는 표현이에요. 이 표현은 분위기를 무겁지 않게 유지하면서도, 상대방의 의사를 존중하고 같이 결정하려는 느낌을 줄 수 있어서 대화 중 자주 쓰이죠.

### 내일은 어때요?

### 영화를 보는 건 어때요?

### 조언 좀 해 줄래요?

### 낮잠을 자는 건 어때요?
* '낮잠을 자다'는 영어로 어떻게 말할 수 있을까요?

### 게임을 하는 건 어때요?

How about practicing some more?
How about this book?

# Q.015

# Would you like some coffee?

커피 좀 드시겠어요?

## Would you mind explaining this to me?
*explain은 '설명하다'라는 의미예요.

## Would you mind if I sat here?

## Would you help me carry this?

## Would you like to join us?
*join은 '함께 하다'란 뜻이예요.

## Would you like to try this?

★ 말 만들어 보기 | 한글을 보고 영어를 만들어 보세요. 답은 오른편에 있습니다.

수영하러 가실래요?
뭐 좀 드실래요?

*go swimming 수영하러 가다

Q.015 강의 :

Would you + 동사원형?은 '~해 주실 수 있나요?'처럼 부탁할 때, Would you like to + 동사원형?은 '~하고 싶으신가요?'처럼 상대방의 의사를 묻는 제안이에요. 예를 들어 Would you help me with this?는 '이거 좀 도와주실 수 있나요?'라는 의미이고, Would you like to join us?는 '우리랑 함께 하실래요?' 같은 느낌이에요.

### 이것 좀 설명해 주시겠어요?

### 여기 앉아도 될까요?

### 이거 옮기는 거 좀 도와주시겠어요?

### 우리와 함께 하실래요?
* '함께 하다'가 영어로 어떻게 되는지 생각해 보세요!

### 이거 한번 해 보시겠어요?

Would you like to go swimming?
Would you like to eat something?

# Q.016

## How should I start?
어떻게 시작해야 할까요?

## How should I do this?

## How should I say it?

## How should I make friends?
*make friends는 '친구를 사귀다'란 뜻이에요.

## How should I write this essay?

## How should I fix this?
*fix는 '고치다'라는 뜻입니다.

★ 말 만들어 보기 | 한글을 보고 영어를 만들어 보세요. 답은 오른편에 있습니다.

운동을 어떻게 해야 할까요?
내가 어떻게 알까요?

*exercise 운동하다

Q.016 강의:

How should I ~?는 '어떻게 ~해야 할까요?'란 뜻으로, 어떤 일이나 상황에 대한 방법이나 방향을 묻는 질문 패턴이에요. 원어민들은 이 구문을 주로 무엇을 어떻게 해야 할지 조언이나 지침을 구할 때 사용한답니다. 상황에 맞는 올바른 행동이나 결정에 대해 물을 때 자연스럽게 써 보세요!

### 이걸 어떻게 해야 할까요?

### 그걸 어떻게 말해야 할까요?

### 친구를 어떻게 사귀어야 할까요?
* '친구를 사귀다'는 영어로?

### 이 에세이를 어떻게 써야 할까요?

### 이걸 어떻게 고치면 좋을까요?

How should I exercise?
How should I know?

# Q.017

# Why don't we meet tomorrow?

**우리 내일 만날까요?**

## Why don't we go shopping?
* go shopping은 '쇼핑하러 가다'라는 뜻이에요.

## Why don't we grab lunch together?
* grab lunch는 '점심을 먹다'라는 뜻이에요.

## Why don't we exercise together?

## Why don't we listen to music?
* Why don't we 뒤에는 항상 동사원형이 나와요.

## Why don't we play basketball?

★ **말 만들어 보기** | 한글을 보고 영어를 만들어 보세요. 답은 오른편에 있습니다.

우리 도서관에 갈까요?  ............................................
우리 함께 봉사 활동할까요?  ............................................

* volunteer 봉사 활동하다

Q.017 강의 :

Why don't we ~?는 '우리 ~할까요?'라는 말로, 상대방에게 부담 없이 제안할 때 아주 유용한 표현이에요. 직역하면 부정형처럼 보이지만 실제로는 권유의 말이니 헷갈리지 않게 기억해 두세요!

### 우리 쇼핑 갈까요?
* '쇼핑 가다'를 영어로 어떻게 말할 수 있을지 생각해 보세요!

### 우리 같이 점심 먹을까요?

### 우리 함께 운동할까요?

### 우리 음악 들을까요?

### 우리 농구할까요?

Why don't we go to the library?
Why don't we volunteer together?

# Q.018

## Which is tastier, pizza or pasta?
피자와 파스타 중 어느 것이 더 맛있나요?

## Which is better, eating out or cooking at home?

## Which is easier to learn, the piano or the guitar?
*여기서 to learn은 to 부정사예요.

## Which is safer, driving or cycling?

## Which is closer, your office or your home?
*closer는 '더 가까운'이란 뜻으로, close의 비교급입니다.

## Which is more fun, singing or dancing?

---

★ 말 만들어 보기 | 한글을 보고 영어를 만들어 보세요. 답은 오른편에 있습니다.

요리와 베이킹 중 어느 것이 더 쉬운가요?
걷기와 뛰기 중 어느 것이 더 빠른가요?

*faster 더 빠른

Q.018 강의 :

Which is 비교급, A or B?는 'A와 B 중 어느 것이 더 ~한가요?'란 뜻으로, 두 가지 선택지 중 더 나은 것을 물을 때 사용하는 표현입니다. 원어민들은 이 구문을 상대방의 선호를 묻거나 의견을 구할 때 자주 사용합니다. 예를 들어, Which is better, coffee or tea?(커피와 차 중 어느 것이 더 좋은가요?)는 선호를 묻는 질문일 뿐만 아니라, 상대방의 취향이나 경험을 알아 가는 방법이기도 합니다.

### 외식과 집에서 요리하는 것 중 어느 것이 더 좋나요?
\* '외식하다'와 '집에서 요리하다'를 각각 어떻게 영어로 얘기할지 고민해 보세요!

### 피아노와 기타 중 어느 것이 더 배우기 쉽나요?

### 운전과 자전거 타기 중 어느 것이 더 안전하나요?

### 사무실과 집 중 어느 쪽이 더 가깝나요?

### 노래 부르는 것과 춤추는 것 중 어느 것이 더 재미있나요?

Which is easier, cooking or baking?
Which is faster, walking or running?

# Q.019

## Do you prefer coffee or tea?

커피와 차 중 어느 쪽을 더 좋아하시나요?

### Do you prefer dogs or cats?

### Do you prefer the morning or the evening?

### Do you prefer summer or winter?

### Do you prefer city life or country life?
\*country는 '시골'이라는 뜻이에요.

### Do you prefer beaches or mountains?

★ **말 만들어 보기** | 한글을 보고 영어를 만들어 보세요. 답은 오른편에 있습니다.

샌드위치와 샐러드 중 어느 것을 더 좋아하시나요?

하이킹과 수영 중 어느 것을 더 좋아하시나요?

\*hiking 하이킹

Q.019 강의 :

Do you prefer A or B?는 'A와 B 중 어느 쪽을 더 좋아하시나요?'란 뜻으로, 두 가지 선택지 중 하나에 대한 선호를 묻는 표현입니다. 이 표현은 두 가지 대안을 비교하며 상대방의 기호나 의견을 알아내는 데 효과적입니다. 예를 들어, Do you prefer coffee or tea?는 상대방이 커피와 차 중 어떤 것을 더 선호하는지를 묻는 것입니다.

### 개와 고양이 중 어느 쪽을 더 좋아하시나요?

### 아침과 저녁 중 어느 쪽이 더 좋으신가요?

### 여름과 겨울 중 어느 계절을 더 좋아하시나요?

### 도시 생활과 시골 생활 중 어느 쪽을 더 좋아하시나요?
* '도시'와 '시골'을 각각 영어로 어떻게 표현하는지 생각해 보세요!

### 해변과 산 중 어느 것을 더 좋아하시나요?


Do you prefer sandwiches or salads?
Do you prefer hiking or swimming?

# Q.020

# Have you ever been to Japan?

**일본에 가 본 적 있으신가요?**

### Have you ever visited a museum?
*visit은 '방문하다'라는 뜻이에요.

### Have you ever traveled alone?

### Have you ever climbed a mountain?

### Have you ever driven a car?
*driven은 drive의 과거분사예요.

### Have you ever kept a journal?

★ 말 만들어 보기 | 한글을 보고 영어를 만들어 보세요. 답은 오른편에 있습니다.

상을 받아 본 적 있으신가요?

반려동물을 키워 본 적 있으신가요?

*win a prize 상을 받다  pet 반려동물

Q.020 강의:

Have you ever + p.p.?는 '~한 적 있으신가요?'란 뜻으로, 상대방의 경험을 묻는 매우 유용한 표현입니다. 이 구문은 단순히 과거의 경험을 묻는 것뿐만 아니라, 대화를 이어갈 가능성을 열어 줍니다. 원어민들은 대화를 시작하거나 공통의 관심사를 찾을 때 이 구문을 자주 사용합니다.

### 박물관을 방문한 적 있으신가요?

### 혼자 여행해 본 적 있으신가요?
* '혼자 여행하다'는 영어로 뭐라고 할까요?

### 등산해 본 적 있으신가요?

### 자동차를 운전해 본 적 있으신가요?

### 일기를 써 본 적 있으신가요?
* '일기를 쓰다'라는 표현은 숙어처럼 많이 쓰인답니다.

Have you ever won a prize?
Have you ever had a pet?

# Q.021

## **Is it okay to sit here?**
**여기에 앉아도 될까요?**

### Is it okay to open the window?

### Is it okay to take a photo?

### Is it okay to park here?
*park는 '주차하다'라는 뜻이에요.

### Is it okay to eat here?

### Is it okay to stay longer?
*longer는 '더 오래'란 뜻으로, long의 비교급이에요.

---

★ 말 만들어 보기 ｜ 한글을 보고 영어를 만들어 보세요. 답은 오른편에 있습니다.

이 테이블을 사용해도 될까요?

밤새 머물러도 괜찮을까요?

*overnight 밤새

Q.021 강의 :

Is it okay to ~?는 '~해도 될까요?'란 뜻으로, 상대방의 허락을 구하거나 특정 행동이 괜찮은지 확인할 때 사용하는 표현입니다. 이 구문은 단순히 허락을 구하는 데 그치지 않고, 상대방의 감정을 존중하고 상황을 배려하는 뉘앙스를 담고 있습니다. 예를 들어, Is it okay to leave early?(일찍 가도 될까요?)는 단순히 일찍 가도 되는지를 묻는 것이 아니라, 상대방에게 불편함을 초래하지 않는지 확인하는 의미도 포함합니다.

### 창문을 열어도 될까요?

### 사진을 찍어도 될까요?

### 여기에 주차해도 될까요?

### 여기서 먹어도 괜찮을까요?

### 더 오래 머물러도 괜찮을까요?
*'더 오래'를 비교급을 사용해서 입으로 툭 내뱉어 보세요!

Is it okay to use this table?
Is it okay to stay overnight?

# Q.022

## Could you pass me the salt?

**소금 좀 건네주시겠어요?**

## Could you help me?

## Could you close the door?

## Could you give me the menu, please?

## Could you wake me up at 7:00?
*wake up me가 아니라 wake me up이 자연스러워요!

## Could you charge my phone?
*charge는 '충전하다'라는 의미의 동사예요.

★ 말 만들어 보기 | 한글을 보고 영어를 만들어 보세요. 답은 오른면에 있습니다.

제 휴대폰을 고쳐 주시겠어요?
잠시 기다려 주시겠어요?

*fix 고치다  for a moment 잠시

Q.022 강의 :

Could you ~?는 '~해 주실 수 있나요?' 또는 '~해 주시겠어요?'라는 뜻이에요. 이 표현은 부드럽고 정중하게 부탁하거나 도움을 요청할 때 자주 써요. 원어민들은 이 표현을 사용해서 상대방이 부담을 느끼지 않도록 조심스럽게 말해요. 예를 들어, Could you help me with this?는 '이것 좀 도와주실 수 있나요?'라는 뜻인데, 무조건 도와달라는 게 아니라 상대방의 상황을 배려하면서 예의 바르게 부탁하는 말이에요.

### 저를 도와주실 수 있나요?

### 문을 닫아 주시겠어요?

### 메뉴판 좀 주시겠어요?

### 7시에 깨워 주시겠어요?

### 제 휴대폰을 충전해 주시겠어요?
* '충전하다'는 영어로 어떻게 될까요? 살짝 어려워도 한번 떠올려 보세요!

Could you fix my phone?
Could you wait for a moment?

# Q.023

# **How long** does it take?
얼마나 걸리나요?

## **How long** is this movie?

## **How long** have you lived here?

## **How long** are you going to stay?

## **How long** have you known him?
*have known은 현재 완료 시제예요.

## **How long** is your vacation?
*vacation은 '휴가', '방학'이라는 뜻이에요.

★ **말 만들어 보기** | 한글을 보고 영어를 만들어 보세요. 답은 오른편에 있습니다.

여행은 얼마나 긴가요?
영어를 배운 지 얼마나 되었나요?

*trip 여행

Q.023 강의 :

How long ~?는 '얼마나 ~인가요?'란 뜻으로, 기간이나 시간을 묻는 표현입니다. 이 표현은 상대방의 경험, 습관, 또는 계획에 대해 더 깊이 이해하고자 할 때도 사용할 수 있습니다. 예를 들어, How long have you been working here?(여기서 얼마나 근무하였나요?)는 상대방의 근무 기간을 묻는 질문으로, 대화의 시작점이 될 수 있습니다.

### 이 영화는 얼마나 긴가요?

### 여기에서 얼마나 오래 사셨나요?

### 얼마나 머무르실 예정인가요?

### 그를 안 지 얼마나 되었나요?

### 휴가가 얼마나 되나요?
* '휴가'는 영어로 뭐라고 할까요?

How long will your trip be?

How long have you been learning English?

# Q.024

# How do I get to the airport?

공항에 어떻게 가나요?

## How do I get to the station?

## How do I use the phone?

## How do I open the door?

## How do I book a flight?
*book은 '예약하다', flight는 '항공편'이란 뜻이에요.

## How do I turn off the lights?
*turn off는 '끄다'라는 의미예요.

★ 말 만들어 보기 | 한글을 보고 영어를 만들어 보세요. 답은 오른편에 있습니다.

식료품을 어떻게 사나요?

이 의자를 어떻게 고치나요?

*groceries 식료품

Q.024 강의 :

How do I ~?는 '어떻게 ~하나요?'란 뜻으로, 특정 행동이나 절차에 대해 도움이나 지침을 요청할 때 사용하는 표현입니다. 이 구문은 상대방에게 답변을 요청하면서도 자연스럽게 공손함을 전달하는 데 효과적입니다. 예를 들어, How do I get to the station?(역에 어떻게 가나요?)은 단순히 길을 묻는 것이 아니라, 상대방의 경험이나 지식을 존중하며 도움을 요청하는 느낌을 줍니다.

### 역에 어떻게 가나요?

### 전화기 어떻게 쓰면 되나요?

### 문은 어떻게 열면 되나요?

### 항공편을 어떻게 예약하나요?
* '예약하다'는 이 단어를 쓰는데요, 의외의 단어일 수도 있겠어요!

### 불을 어떻게 끄나요?

How do I buy groceries?
How do I fix this chair?

# Q.025

# What is the most popular movie?

**가장 인기 있는 영화는 뭐예요?**

## What is the most delicious food here?

## What is the most beautiful flower?

## What is the most fun hobby?

## What is the most popular song?
\* popular는 '인기 있는'이란 의미예요.

## What is the most popular attraction in town?
\* attraction은 '관광지'라는 의미예요.

★ 말 만들어 보기 | 한글을 보고 영어를 만들어 보세요. 답은 오른편에 있습니다.

가장 아름다운 산은 뭐예요?
가장 맛있는 과일은 뭐예요?

\* delicious 맛있는

Q.025 강의 :

What is the most ~?는 '가장 ~한 것은 뭐예요?'란 뜻으로, 상대방의 경험이나 의견을 자연스럽게 묻는 데 좋습니다. 예를 들어, What is the most delicious food here?(여기서 가장 맛있는 음식은 뭐예요?)는 그 사람이 진짜 맛있다고 느낀 음식이나 이 지역의 베스트 메뉴를 자연스럽게 말하도록 유도하는 질문이에요.

### 여기서 가장 맛있는 음식은 뭐예요?

### 가장 예쁜 꽃은 뭐예요?

### 가장 재미있는 취미가 뭐예요?
* '재미있는 취미'를 영어로 떠올려 보세요!

### 가장 인기 있는 노래는 뭐예요?

### 이 동네에서 가장 인기 있는 관광지는 뭐예요?

What is the most beautiful mountain?
What is the most delicious fruit?

# Q.026

# How often do you eat out?
얼마나 자주 외식하세요?

## How often do you exercise?

## How often do you watch movies?

## How often do you drink coffee?

## How often do you ride a bike?
*ride a bike는 '자전거를 타다'란 뜻이에요.

## How often do you watch TV?

★ 말 만들어 보기 | 한글을 보고 영어를 만들어 보세요. 답은 오른편에 있습니다.

낮잠은 얼마나 자주 주무세요?　　　　　　　　..................................................

캠핑은 얼마나 자주 가세요?　　　　　　　　　..................................................

*take a nap 낮잠 자다

Q.026 강의 :

How often do you ~?는 '얼마나 자주 ~하세요?'란 뜻으로, 어떤 행동의 빈도를 물어볼 때 쓰는 표현이에요. 이 질문은 상대방의 일상이나 행동 패턴에 대해 가볍게 대화를 이어 가고 싶을 때 딱 좋아요. 예를 들어, How often do you exercise?(얼마나 자주 운동하세요?)라고 물으면 단순히 운동 빈도뿐만 아니라 상대방의 건강 관리 습관이나 취미를 알아볼 수 있는 계기가 돼요.

### 얼마나 자주 운동하세요?
* '얼마나 자주'는 어떤 영어 패턴으로 표현할 수 있을까요?


### 영화를 얼마나 자주 보세요?


### 커피는 얼마나 자주 마시세요?


### 자전거는 얼마나 자주 타세요?
* '자전거 타다'는 영어로 뭐라고 할까요?


### TV는 얼마나 자주 보세요?



How often do you take naps?
How often do you go camping?

# Q.027

# How many books do you have?

**책 몇 권 가지고 있으세요?**

### How many pets do you have?
*pet은 '반려동물'이라는 의미예요.

### How many hours do you study?

### How many days do you work?

### How many cars do you own?

### How many pages do you read?

★ **말 만들어 보기** | 한글을 보고 영어를 만들어 보세요. 답은 오른편에 있습니다.

| | |
|---|---|
| 몇 시간 주무세요? | .................................... |
| 아이가 몇 명이세요? | .................................... |

*kids 아이들

Q.027 강의 :

How many ~ do you ...? 패턴은 '몇 ~를 …하세요?'란 뜻으로, '단순 수량' 같아 보이지만, 그 사람의 경험, 생활, 성향을 알 수 있어요. 예를 들어, How many cars do you own?은 '차가 몇 대 있으세요?'라고 해석할 수 있는데요, 이 사람의 라이프스타일, 관심사 등을 유추할 수 있는 문장도 됩니다.

### 반려동물이 몇 마리 있으세요?
*How many ~ do you ...? 구문을 사용해 표현해 보세요!

### 몇 시간 공부하세요?

### 며칠 일하세요?

### 차가 몇 대 있으세요?

### 몇 페이지 읽으시나요?

How many hours do you sleep?
How many kids do you have?

# Q.028

## Is this your bag?
이거 당신 가방인가요?

## Is this your book?

## Is this your phone?

## Is this really true?

## Is this safe to eat?

## Is this your responsibility?
*responsibility는 '책임'이라는 의미예요.

★ 말 만들어 보기 | 한글을 보고 영어를 만들어 보세요. 답은 오른편에 있습니다.

이게 최선의 선택인가요?
이게 좋은 생각인가요?

*option 선택

Q.028 강의:

Is this ~?는 '이것이 ~인가요?'란 뜻으로, 어떤 것이 맞는지 확인할 때 쓰는 아주 실용적인 표현이에요. 이 구문은 단순히 사실 여부를 묻는 걸 넘어서, 상대방에게 확인을 요청하거나 대화를 시작하려는 의도를 담고 있어요. 예를 들어, Is this your bag?은 '이거 당신 가방인가요?'라는 뜻이지만, 그 안에는 상대방이 잃어버렸을 가능성이 있는 물건을 돌려주려는 배려가 느껴져요.

### 이거 당신 책인가요?

### 이거 당신 전화기인가요?

### 이거 정말 사실인가요?

### 이거 먹어도 안전한가요?

### 이게 당신 책임인가요?
* '책임'은 영어로? 살짝 스펠링이 어려울 수 있지만 기억해 보세요!

Is this the best option?
Is this a good idea?

# Q.029

## Is that for summer?
그거 여름용인가요?

## Is that for me?

## Is that for dinner?
* '아침 식사'는 breakfast, '점심 식사'는 lunch예요.

## Is that for you?

## Is that for exercise?

## Is that for your children?
* child는 '아이', children은 '아이들'이란 뜻이에요.

★ **말 만들어 보기** | 한글을 보고 영어를 만들어 보세요. 답은 오른편에 있습니다.

그거 겨울용인가요?　　　　　　　　　　..................................................
그거 당신의 취미를 위한 건가요?　　　　..................................................

*hobby 취미

Q.029 강의 :

Is that for ~?는 '그거 ~를 위한 건가요?'란 뜻으로, 행동의 목적이나 물건의 용도 등을 묻는 질문이에요. 이 표현은 단순히 확인하려는 질문에서 끝나지 않고, 상대방의 의도를 존중하고 대화의 흐름을 이어 가는 데도 유용해요. 예를 들어, Is that for me?는 '그거 내 거야?' 같은 직설적인 질문 느낌이 아니라 상대방이 자신을 배려했는지 조심스럽게 물어보는 뉘앙스를 줘요.

### 그거 저를 위한 건가요?

### 그거 저녁 식사용인가요?

### 그거 당신을 위한 건가요?

### 그거 운동용인가요?
* '운동용'은 영어로 무엇일까요?

### 그거 당신의 아이들을 위한 건가요?

Is that for winter?
Is that for your hobby?

# Do you mind if I sit here?

**여기 앉아도 괜찮을까요?**

### Do you mind if I take a photo?
*이때의 take는 '찍다'라는 의미예요.

### Do you mind if I try this?

### Do you mind if I drink some water?

### Do you mind if I go now?

### Do you mind if I come again?

★ 말 만들어 보기 | 한글을 보고 영어를 만들어 보세요. 답은 오른편에 있습니다.

질문 하나 해도 괜찮을까요?
제가 여기 있어도 괜찮을까요?

*question 질문

Q.030 강의 :

Do you mind if I ~?는 '제가 ~해도 괜찮을까요?'란 뜻으로, 누군가의 허락을 정중하고 부드럽게 구할 때 자주 사용하는 표현이에요. 무언가를 하기 전에 미리 물어볼 때 쓰입니다. 이 패턴은 단순히 허가를 구하는 것을 넘어 상대방의 감정을 배려하는 뉘앙스를 담고 있어요. Do you mind if I sit here?라고 하면 '여기 앉아도 괜찮을까요?'라는 뜻인데, 상대방이 불편해할 수도 있다는 가능성을 염두에 두고 물어보는 느낌이에요.

### 사진을 찍어도 괜찮을까요?

### 제가 이걸 시도해도 괜찮을까요?

### 물 좀 마셔도 괜찮을까요?

### 지금 가도 괜찮을까요?
\*패턴을 떠올리고, '지금 가다'가 영어로 무엇일지 생각해 보세요.

### 다시 와도 괜찮을까요?

Do you mind if I ask a question?
Do you mind if I stay here?

# Q.031

# How do you feel about this movie?

**이 영화에 대해 어떻게 생각하세요?**

## How do you feel about traveling alone?
*travel alone은 '혼자 여행하다'라는 의미예요.

## How do you feel about learning English?

## How do you feel about this book?

## How do you feel about art?

## How do you feel about studying abroad?

★ **말 만들어 보기** | 한글을 보고 영어를 만들어 보세요. 답은 오른쪽에 있습니다.

운전에 대해 어떻게 생각하세요?　　　　　　.................................................

기술에 대해 어떻게 생각하세요?　　　　　　.................................................

*technology 기술

Q.031 강의:

How do you feel about ~?은 '~에 대해 어떻게 생각하세요?'란 뜻으로, 상대방의 감정이나 의견을 부드럽게 물을 때 쓰는 표현이에요. 뒤에는 명사 혹은 동명사(-ing) 형태가 옵니다. 이 질문을 통해 상대방에게 더 깊은 대화를 이끌어낼 수 있어요. 예를 들어, How do you feel about working from home?이라고 물으면 '재택근무에 대해 어떻게 생각하세요?'라는 뜻인데, 재택근무에 대한 상대방의 경험이나 장단점에 대한 생각까지 자연스럽게 대화를 나눌 수 있어요.

### 혼자 여행하는 것에 대해 어떻게 생각하세요?


### 영어를 배우는 것에 대해 어떻게 생각하세요?
* '영어를 배우다'는 영어로 어떻게 말할 수 있을까요?


### 이 책에 대해 어떻게 생각하세요?


### 예술에 대해 어떻게 생각하세요?


### 유학에 대해 어떻게 생각하세요?
* '유학하다'란 표현은 따로 숙어처럼 쓰인답니다.



How do you feel about driving?
How do you feel about technology?

# Do you want me to help you?

제가 도와드릴까요?

**Do you want me to** open the window?

**Do you want me to** clean the room?

**Do you want me to** send the email?

**Do you want me to** order some coffee?

*order는 '주문하다', '명령하다' 등 여러 가지 뜻이 있지만, 여기서는 '주문하다'로 쓰였어요.

**Do you want me to** fix this?

★ 말 만들어 보기 | 한글을 보고 영어를 만들어 보세요. 답은 오른편에 있습니다.

제가 밖에서 기다릴까요?      ....................................................
제가 먼저 시작할까요?        ....................................................

*start 시작하다

Q.032 강의 :

Do you want me to ~?는 '제가 ~할까요?'란 뜻으로, 상대방에게 내가 어떤 행동을 해야 할지 정중하게 물어보는 표현이에요. 이 구문은 내가 그 행동을 하겠다고 제안하는 게 아니라, 상대방의 의사를 우선적으로 고려하는 뉘앙스를 담고 있어요. 예를 들어, Do you want me to help you?는 '제가 도와드릴까요?'라는 의미인데, 상대방이 도움을 원할 수도 있고 아닐 수도 있다는 가능성을 열어 두는 배려가 느껴져요.

### 제가 창문을 열까요?

### 제가 방을 청소할까요?

### 제가 이메일을 보낼까요?

### 제가 커피를 주문할까요?
* '주문하다'는 영어로 order예요! 영작하고 입으로 한번 말해 보세요.

### 제가 이걸 고칠까요?

Do you want me to wait outside?
Do you want me to start first?

# Q.033

# Are you done with your homework?

**숙제 다 했어요?**

## Are you done with the dishes?
*the dishes는 '설거지', '설거지감'이라는 의미예요.

## Are you done with that book?

## Are you done with your coffee?

## Are you done with this project?

## Are you done with this chair?

★ **말 만들어 보기** | 한글을 보고 영어를 만들어 보세요. 답은 오른편에 있습니다.

보고서 다 작성했나요?
컴퓨터는 다 쓰셨나요?

*report 보고서

Q.033 강의 :

Are you done with ~?는 '~를 다 했어요?'란 뜻으로, 특정 작업이나 물건 사용을 끝냈는지 부드럽게 확인할 때 쓰는 표현이에요. 예를 들어, Are you done with this chair?는 '이 의자 다 쓰셨나요?'라는 뜻인데, 상대방에게 부담을 주지 않으면서 의자를 내가 사용할 수 있는지 묻는 거예요.

### 설거지 다 끝냈어요?

### 그 책 다 읽었나요?

### 커피 다 마셨나요?

### 이 프로젝트 다 하셨나요?

### 이 의자 다 쓰셨나요?
* '이 의자'는 영어로 뭐라고 할까요?

Are you done with the report?
Are you done with the computer?

# Q.034

# What is it like to live in a big city?

**대도시에 사는 건 어떤가요?**

## What is it like to study abroad?
*study abroad는 '유학하다'라는 뜻이에요.

## What is it like to teach children?

## What is it like to play the guitar?
*guitar 같은 악기 앞에는 일반적으로 the를 붙여요.

## What is it like to write a book?

## What is it like to study all night?

★ **말 만들어 보기** | 한글을 보고 영어를 만들어 보세요. 답은 오른편에 있습니다.

쌍둥이를 두는 건 어떤가요? ..................................................
학생으로 사는 건 어떤가요? ..................................................

*have twins 쌍둥이를 두다

Q.034 강의 :

What is it like + to 부정사?는 '~는 어떤가요?'란 뜻으로, 단순히 정보나 사실을 묻는 게 아니라 상대방의 감정, 인상, 또는 주관적인 생각을 듣고 싶을 때 사용돼요. 예를 들어, What is it like to live in another country?(다른 나라에 사는 건 어떤가요?)는 그 나라에서의 생활이 어떤지 들을 수 있는 질문이에요.

### 유학 생활은 어떤가요?

### 아이들을 가르치는 건 어떤가요?

### 기타를 연주하는 건 어떤가요?
* '기타를 연주하다'를 영어로 떠올려 보세요!

### 책을 쓰는 건 어떤가요?

### 밤새 공부하는 건 어떤가요?

What is it like to have twins?
What is it like to be a student?

## Q.035

# What are you up to today?

오늘 뭐 할 거예요?

### What are you up to right now?

### What are you up to this weekend?
*week는 '주', weekend는 '주말'이에요.

### What are you up to this afternoon?

### What are you up to this summer?

### What are you up to these days?

★ **말 만들어 보기** | 한글을 보고 영어를 만들어 보세요. 답은 오른편에 있습니다.

집에서 뭐 하고 있어요?

이번 겨울에 뭐 할 거예요?

*winter 겨울

Q.035 강의 :

What are you up to?는 '뭐 하고 있어요?'란 뜻으로, 상대방의 현재 행동이나 상태를 친근하고 캐주얼하게 묻는 표현입니다. 그런데 원어민들은 이 표현을 '현재 하고 있는 일'뿐만 아니라 '가까운 미래의 계획'에 대해서 물을 때도 사용한답니다. 이때는 '뭐 할 거예요?'라고 해석하면 됩니다.

### 지금 뭐 하고 있어요?

### 이번 주말에 뭐 할 거예요?
* '이번 주말'은 영어로 뭐라고 하죠?

### 오늘 오후에 뭐 할 거예요?

### 이번 여름에 뭐 할 거예요?

### 요즘 뭐 하고 있어요?

What are you up to at home?
What are you up to this winter?

# Q.036

## What time is it?
몇 시예요?

## What time does the movie start?

## What time does the store open?

## What time is dinner?

## What time does the show begin?
*does 조동사가 앞에 나와서, begin은 동사원형으로 쓰였어요.

## What time is your flight?
*flight는 '비행기'라는 뜻이에요.

★ 말 만들어 보기 | 한글을 보고 영어를 만들어 보세요. 답은 오른편에 있습니다.

약속은 몇 시예요?
아침 식사는 몇 시에 하나요?

*appointment 약속

Q.036 강의 :

What time ~?은 '~는 몇 시에 하나요?'란 뜻으로, 시간을 묻는 가장 기본적이고 실용적인 질문이에요. 시간을 묻는 질문은 약속이나 일정을 조율하거나 해당 이벤트에 대한 구체적인 정보를 묻는 대화로 자연스럽게 이어질 수 있어요.

### 영화는 **몇 시에** 시작해요?

### 가게는 **몇 시에** 열어요?

### 저녁 식사는 **몇 시에** 하나요?

### 공연은 **몇 시에** 시작해요?
* '시작하다'는 영어로 여러 단어가 있지만, begin을 써서 문장을 만들어 보세요!

### 당신 비행기는 **몇 시예요?**

What time is the appointment?
What time is breakfast?

# Q.037

## Are you aware of the time?
**지금 몇 시인지를 알고 있나요?**

### Are you aware of the changes?

### Are you aware of the problem?

### Are you aware of the latest news?
\* late은 '늦은', latest는 '최신의'라는 뜻이에요.

### Are you aware of the deadline?
\* deadline은 한국어로도 '데드라인'이라고 하죠? '마감일'이란 뜻이에요.

### Are you aware of the new project?

---

★ 말 만들어 보기 │ 한글을 보고 영어를 만들어 보세요. 답은 오른편에 있습니다.

규칙을 알고 있나요?

일정에 대해 알고 있나요?

\* schedule 일정

Q.037 강의 :

Are you aware of ~?는 '~에 대해/~를 알고 있나요?'란 뜻으로, 상대방이 특정 정보나 사실을 알고 있는지를 정중하게 확인할 때 사용하는 표현이에요. 이 구문은 Do you know ~?라는 직설적인 질문보다 부드럽고 공손하게 느껴져요. 예를 들어, Are you aware of the deadline?(마감일을 알고 있나요?)이라고 하면, 상대방이 마감일을 모를 수도 있다는 가능성을 열어 두면서 부드럽게 확인하는 느낌이에요.

### 변경 사항에 대해 알고 있나요?

### 문제에 대해 알고 있나요?

### 최신 소식을 알고 있나요?
* '최신의'는 영어로 latest랍니다. '최신 소식'은 어떻게 말할 수 있을까요?

### 마감일을 알고 있나요?
* '마감일'을 영어로 떠올려 보세요! 자주 쓰이는 단어입니다.

### 새 프로젝트에 대해 알고 있나요?


Are you aware of the rules?
Are you aware of the schedule?

 Q.038

# When can I eat?
언제 먹을 수 있나요?

## When can I leave?

## When can I move in?

## When can I take a break?
*take a break는 '쉬다'라는 뜻이에요.

## When can I buy this?

## When can I eat lunch?

★ **말 만들어 보기** | 한글을 보고 영어를 만들어 보세요. 답은 오른편에 있습니다.

언제 당신 사무실에 방문할 수 있나요?
언제 쉴 수 있나요?

\* rest 쉬다

Q.038 강의:

When can I ~?는 '언제 ~할 수 있나요?'란 뜻으로, 원어민들이 공손하게 타이밍을 물어볼 때 정말 많이 쓰는 유용한 표현이에요. 특히 허락을 구하거나 상대방에게 결정을 맡기는 뉘앙스를 줄 때 자연스럽게 사용돼요. 예를 들어, When will I get this?(이거 언제 받나요?)라고 하면 살짝 요구하는 느낌이 들 수 있지만, When can I get this?(이거 언제 받을 수 있나요?)라고 하면 훨씬 부드럽고 공손한 표현이 돼요.

### 언제 떠날 수 있나요?
* '떠나다'는 영어로 leave랍니다.

### 언제 이사 들어갈 수 있나요?

### 언제 쉴 수 있나요?

### 언제 이걸 살 수 있나요?

### 언제 점심을 먹을 수 있나요?

When can I visit your office?
When can I rest?

# Q.039

## Is it possible to visit today?
**오늘 방문할 수 있나요?**

### Is it possible to pay later?

### Is it possible to use this room?

### Is it possible to fix this?
*fix는 '고치다'라는 뜻이에요.

### Is it possible to try this on?
*try on this는 안 되고, try this on이라고 해야 해요.

### Is it possible to return this?

★ **말 만들어 보기** | 한글을 보고 영어를 만들어 보세요. 답은 오른편에 있습니다.

지금 시작할 수 있나요?
이걸 출력할 수 있나요?

*print 출력하다

Q.039 강의 :

Is it possible to ~?는 '~할 수 있나요?'란 뜻으로, 뭔가를 요청하거나 가능 여부를 묻는 표현이에요. Is it possible to get a discount?는 '할인을 받을 수 있나요?'로 해석할 수 있습니다.

### 나중에 결제할 수 있나요?

### 이 방을 사용할 수 있나요?

### 이걸 고칠 수 있나요?

### 이걸 입어 볼 수 있나요?

### 이걸 반품할 수 있나요?
* '반품하다'가 영어로 잘 생각나지 않으신다고요? r로 시작하는 단어예요!

Is it possible to start now?
Is it possible to print this?

# Q.040

## Do you know my name?
제 이름 아세요?

## Do you know where I live?

## Do you know her birthday?

## Do you know my favorite food?
*favorite은 '가장 좋아하는'이라는 의미예요.

## Do you know my brother?

## Do you know how to use this?
* 'how + to 부정사'는 '어떻게 ~하는지'라는 뜻이에요.

★ **말 만들어 보기** | 한글을 보고 영어를 만들어 보세요. 답은 오른편에 있습니다.

이것이 안전한지 아세요?
새로 오신 선생님을 아세요?

*safe 안전한

Q.040 강의 :

Do you know ~?는 '~를 아세요?'란 뜻으로, 일상에서 자주 쓰이는 패턴이에요. 뒤에는 명사, 사람, 장소 등이 와요. 단, 사람을 이야기할 때는 단순하게 이름만 들어 봤는지 혹은 실제로 만난 적이 있는지 애매할 수 있으니 주의해 주세요!

## 제가 어디 사는지 아세요?

## 그녀의 생일을 아세요?

## 제가 가장 좋아하는 음식을 아세요?

## 제 남자 형제를 아세요?
* 남동생 등 남자 형제를 말할 때 어떤 단어를 쓰죠?

## 이걸 어떻게 사용하는지 아세요?
* '어떻게 ~ 하는지'는 'how + to 부정사' 표현을 쓴답니다.

Do you know if it's safe?

Do you know the new teacher?

# Q.041

# What kind of food do you like?

**어떤 음식을 좋아하세요?**

### What kind of bread is this?

### What kind of meat is this?
*meat는 '고기'라는 뜻이에요.

### What kind of drinks do you have?

### What kind of art do you like?

### What kind of person is he?
*person은 '사람'이라는 뜻이에요.

---

★ **말 만들어 보기** | 한글을 보고 영어를 만들어 보세요. 답은 오른편에 있습니다.

그는 어떤 상사인가요?
그녀는 어떤 부모인가요?

*boss 상사

Q.041 강의 :

What kind of ~?는 '어떤 ~인가요?'란 뜻으로, 뭔가의 종류나 유형을 물어볼 때 진짜 유용한 표현이에요. 단순히 어떤 종류인지를 묻는 게 아니라, 상대방의 취향이나 생각을 존중하면서 구체적인 답을 끌어내려는 느낌이 있어요. 예를 들어, What kind of food do you like?(어떤 음식을 좋아하세요?)는 상대방이 좋아하는 음식의 범위를 묻는 거라, 단순히 '좋아하는 음식이 뭐예요?'보다 더 부드러운 뉘앙스입니다.

### 이건 어떤 빵인가요?

### 이건 어떤 고기인가요?

### 어떤 음료가 있나요?

### 어떤 예술을 좋아하세요?
* '예술'을 영어로 이야기하면 무엇일까요?

### 그는 어떤 사람인가요?

What kind of boss is he?
What kind of parent is she?

# Q.042

## Is there Wi-Fi here?
**여기 와이파이 있나요?**

### Is there a restroom nearby?
*nearby는 '근처에', '가까운 곳에'라는 뜻이에요.

### Is there a park around here?

### Is there a doctor here?

### Is there a meeting today?
*meeting은 '회의'라는 뜻이에요.

### Is there a class tomorrow?

★ 말 만들어 보기 | 한글을 보고 영어를 만들어 보세요. 답은 오른편에 있습니다.

이번 달에 공휴일이 있나요? _____

이 근처에 버스 정류장이 있나요? _____

*holiday 공휴일  around here 이 근처에

Q.042 강의 :

Is there ~?은 '~가 있나요?'란 뜻으로, 원어민들이 일상에서 정말 자주 쓰는 패턴이에요. 무언가가 존재하거나 이용 가능한지 물어볼 때 쓸 수 있습니다. 예문을 통해 같이 살펴볼까요?

### 근처에 화장실이 있나요?
* '근처에'라는 표현을 문장 끝에 툭 붙여 보세요!

### 이 근처에 공원이 있나요?

### 여기 의사가 계신가요?

### 오늘 회의가 있나요?
* '오늘'이라는 표현을 문장 끝에 붙여 보세요!

### 내일 수업이 있나요?

Is there a holiday this month?
Is there a bus stop around here?

# Q.043

## **Did you** go to the doctor?
**병원에 가셨나요?**

### **Did you** eat spicy food last night?
*spicy는 '매운'이라는 뜻입니다.

### **Did you** finish your homework?

### **Did you** call me this morning?

### **Did you** swim?

### **Did you** take medicine?
*take medicine은 '약을 먹다'라는 의미예요.

---

★ 말 만들어 보기 ㅣ 한글을 보고 영어를 만들어 보세요. 답은 오른편에 있습니다.

그를 만나셨나요?  
아침 식사 하셨나요?  

*breakfast 아침 식사

Q.043 강의 :

Did you ~?는 '~하셨나요?', '~했어요?'처럼 상대방의 과거 행동을 물을 때 쓰는 표현이에요. 쉽게 말하면, Do you ~?의 과거형이라고 보면 돼요. 그리고 중요한 포인트! Did you 다음에는 항상 동사 원형이 와요. 예를 들면, Did you meet him?에서 meet은 동사원형이고, Did you finish your homework?에서도 finish가 동사원형이죠. 주의해서 사용해 보세요!

### 어젯밤에 매운 음식을 드셨나요?

### 숙제 다 하셨나요?

### 오늘 아침에 전화하셨나요?

### 수영하셨나요?

### 약 먹으셨나요?

Did you meet him?

Did you eat breakfast?

# Q.044

# Where should I park my car?

**어디에 주차해야 되나요?**

## Where should I get off the bus?
*get off는 '내리다'라는 의미예요. off에는 분리되는 뉘앙스가 있어요.

## Where should I turn left?

## Where should I sit?

## Where should I buy tickets?

## Where should I visit first?

★ 말 만들어 보기 | 한글을 보고 영어를 만들어 보세요. 답은 오른편에 있습니다.

돈을 어디에서 환전해야 하나요? ........................................
기차는 어디서 타야 하나요? ........................................

*exchange 환전하다 get on 타다

Q.044 강의 :

Where should I ~?는 '어디에서 ~해야 하나요?'란 뜻으로, 뭔가를 해야 할 적절한 장소나 방향을 물을 때 쓰는 표현이에요. 단순히 '어디로 가야 하나요?'라는 질문을 넘어서, 상대방의 의견을 존중하면서 최선의 선택지를 묻는 느낌이 강해요. 예를 들어, Where should I park my car?라고 하면 단순히 주차 가능한 위치를 묻는 게 아니라, 그 장소에서 가장 적합한 주차 위치를 물어보는 뉘앙스가 담겨 있어요.

### 어디에서 버스를 내려야 하나요?

### 어디에서 좌회전해야 하나요?

### 어디에 앉아야 하나요?

### 표는 어디에서 사야 하나요?

### 어디를 첫 번째로 방문해야 하나요?
* '첫 번째로 방문하다'는 영어로 어떻게 말할 수 있을까요?


Where should I exchange money?
Where should I get on the train?

 # Q.045

## **What if** it rains tomorrow?
**내일 비가 오면 어떡하죠?**

### **What if** we get lost?
*get lost는 '길을 잃다'라는 뜻이에요.

### **What if** she gets angry?

### **What if** they say no?
*say no는 '거절하다'라는 의미예요.

### **What if** I get sick?

### **What if** it's too late?

★ **말 만들어 보기** | 한글을 보고 영어를 만들어 보세요. 답은 오른편에 있습니다.

비밀번호를 잊어버리면 어떡하죠?　　　　　......................................
늦잠 자면 어떡하죠?　　　　　　　　　　　......................................

*forget 잊다  oversleep 늦잠 자다

Q.045 강의 :

What if ~?는 '~하면 어떡하죠?'란 뜻으로, 감정을 담아 다양한 뉘앙스를 전달할 수 있는 표현이에요. 예를 들어 볼까요? What if we skip the meeting?(회의를 건너뛰면 어떡하죠?)은 약간 모험적인 제안이고, What if I fail?(실패하면 어떡하죠?)은 걱정이나 두려움을 담고 있어요.

### 우리가 길을 잃으면 어떡하죠?

* '~하면 어떡하죠?' 패턴을 어떻게 말할 수 있을지 한번 떠올려 보세요!

### 그녀가 화내면 어떡하죠?

### 그들이 거절하면 어떡하죠?

### 제가 아프면 어떡하죠?

### 너무 늦으면 어떡하죠?

* '너무 늦다'는 영어로 어떻게 얘기할 수 있을까요?

What if I forget my password?
What if I oversleep?

# Q.046

# What happens if the train is late?

기차가 늦게 오면 어떻게 되나요?

## What happens if I fail the test?
*fail은 '떨어지다'라는 의미예요.

## What happens if it rains tomorrow?
*tomorrow(내일)가 미래를 나타내지만, if 구문에서는 will rain처럼 will을 사용하지 않습니다.

## What happens if I miss the deadline?

## What happens if we argue?

## What happens if no one answers?

★ 말 만들어 보기 | 한글을 보고 영어를 만들어 보세요. 답은 오른편에 있습니다.

제가 버스를 놓치면 어떻게 되나요? ....................................................
제가 마음을 바꾸면 어떻게 되나요? ....................................................

*miss 놓치다 change one's mind 마음을 바꾸다

Q.046 강의:

What happens if ~?는 '~하면 어떻게 되나요?'란 뜻으로, 어떤 상황이나 결과에 대해 묻는 표현이에요. 단순히 '그럼 어떻게 돼요?'가 아니라, 가능성을 열어 두고 대화를 이끌어 가는 느낌이에요. 예를 들어, What happens if I miss the bus?(버스를 놓치면 어떻게 되나요?)라고 하면, 그냥 걱정을 나열하는 게 아니라 대안이나 해결책을 묻는 공손한 방식이에요.

### 제가 시험에 떨어지면 어떻게 되나요?

### 내일 비가 오면 어떻게 되나요?

### 마감일을 못 지키면 어떻게 되나요?

### 우리가 싸우면 어떻게 되나요?

### 아무도 대답하지 않으면 어떻게 되나요?
* '아무도 대답하지 않다'를 영어로 어떻게 이야기할까요?

What happens if I miss the bus?
What happens if I change my mind?

# Q.047

## What's the difference between coffee and tea?

커피와 차의 차이점이 뭐예요?

### What's the difference between a cat and a dog?

*between ~ and ~는 '~와 ~ 사이에'란 뜻이에요.

### What's the difference between a doctor and a nurse?

### What's the difference between a teacher and a mentor?

### What's the difference between a city and a town?

### What's the difference between a friend and a best friend?

★ 말 만들어 보기 | 한글을 보고 영어를 만들어 보세요. 답은 오른편에 있습니다.

대학교와 단과대학의 차이점이 뭐예요? .................................................
공휴일과 휴가의 차이점이 뭐예요? .................................................

*holiday 공휴일

Q.047 강의 :

What's the difference between A and B?는 'A와 B의 차이점이 뭐예요?'란 뜻으로, 두 가지를 비교하면서 차이를 물어볼 때 쓰는 표현이에요. 예를 들어, What's the difference between coffee and tea?(커피와 차의 차이점이 뭐예요?)라고 하면, 두 음료의 특징이나 느낌을 구체적으로 알고 싶어 한다는 뉘앙스가 있어요.

### 고양이와 개의 차이점이 뭐예요?
* '~와 ~의 차이점이 뭐예요?'라는 패턴을 먼저 떠올려 보세요!

### 의사와 간호사의 차이점이 뭐예요?

### 선생님과 멘토의 차이점이 뭐예요?

### 도시와 마을의 차이점이 뭐예요?
* '도시', '마을'은 영어로 어떻게 말할 수 있을까요?

### 친구와 절친의 차이점이 뭐예요?


What's the difference between a university and a college?
What's the difference between a holiday and a vacation?

# Q.048

# Can I expect to see you tomorrow?

**내일 당신을 만날 수 있을까요?**

## Can I expect to finish early?

## Can I expect to pass the test?
*pass는 '통과하다', '합격하다'라는 뜻이에요.

## Can I expect to check in early at the hotel?

## Can I expect to hear from you this week?

## Can I expect to recover soon?
*recover는 '회복하다'라는 뜻이에요.

★ 말 만들어 보기 | 한글을 보고 영어를 만들어 보세요. 답은 오른편에 있습니다.

할인을 받을 수 있을까요?
더 오래 머무를 수 있을까요?

*get a discount 할인 받다

Q.048 강의 :

Can I expect to ~?는 '~할 수 있을까요?'란 뜻으로, 뭔가를 기대하거나 가능성을 확인하고 싶을 때 쓰는 표현이에요. 단순히 '될까요?'라고 묻는 게 아니라, 공손하게 상대방의 답변이나 확인을 요청하는 뉘앙스를 가지고 있어요.

### 일찍 끝낼 수 있을까요?

### 시험에 합격할 수 있을까요?
* '시험에 합격하다'를 영어로 떠올려 보세요!

### 호텔에 일찍 체크인할 수 있을까요?

### 이번 주 안에 연락받을 수 있을까요?

### 곧 회복할 수 있을까요?
* '회복하다'라는 단어를 먼저 생각해 보세요.

Can I expect to get a discount?
Can I expect to stay longer?

# Q.049

# How can I tell if this fruit is ripe?

**이 과일이 익었는지 어떻게 알 수 있나요?**

## How can I tell if this is real or fake?
*How can I tell if 뒤에는 주어, 동사가 와야 합니다.

## How can I tell if I have a fever?
*have a fever는 '열이 있다'라는 뜻이에요.

## How can I tell if someone likes me?

## How can I tell if I'm sick?

## How can I tell if the store is open?

★ 말 만들어 보기 | 한글을 보고 영어를 만들어 보세요. 답은 오른편에 있습니다.

누군가 대화하고 싶어 하는지 어떻게 알 수 있나요?
누가 내게 거짓말하는지 어떻게 알 수 있나요?

*talk 대화하다

Q.049 강의 :

How can I tell if ~?는 '~인지 어떻게 알 수 있나요?'란 뜻으로, 어떤 걸 보고 판단해야 할 때, 겉으로 보이는 특징이나 단서로 확인하는 방법을 알고 싶을 때 써요. 직접 물어보거나, 혼자서도 확인할 수 있는 팁을 묻는 느낌이에요. 예를 들어, 과일을 살 때 익었는지 헷갈린다면, How can I tell if this fruit is ripe?(이 과일이 익었는지 어떻게 알 수 있나요?)처럼 물어볼 수 있어요.

### 이게 진짜인지 가짜인지 어떻게 알 수 있나요?

### 열이 있는지 어떻게 알 수 있나요?
* '열이 있다'는 영어로 뭐라고 말할까요?

### 누군가 나를 좋아하는지 어떻게 알 수 있나요?

### 내가 아픈지 어떻게 알 수 있나요?

### 가게가 열려 있는지 어떻게 알 수 있나요?

How can I tell if someone wants to talk?
How can I tell if someone is lying to me?

# Q.050

# What's the purpose of your visit?

**방문 목적은 무엇인가요?**

## What's the purpose of learning English?
* learn English는 '영어를 배우다'라는 의미예요.

## What's the purpose of this app?

## What's the purpose of exercise?

## What's the purpose of this project?

## What's the purpose of this meeting?

---

★ 말 만들어 보기 | 한글을 보고 영어로 만들어 보세요. 답은 오른편에 있습니다.

역사를 배우는 목적은 무엇인가요?

소셜 미디어의 목적은 무엇인가요?

* social media 소셜 미디어

Q.050 강의 :

What's the purpose of ~?는 '~의 목적은 무엇인가요?'란 뜻으로, 어떤 것의 이유나 의도를 진지하게 물어볼 때 쓰는 표현이에요. 단순히 '왜 필요해요?'라고 묻는 게 아니라, 그 대상이나 행동의 의의를 알고 싶어 하는 뉘앙스를 담고 있어요. 예를 들어, What's the purpose of this meeting?(이 회의의 목적은 무엇인가요?)이라고 하면, 이 회의가 목표로 삼고 있는 구체적인 결과나 이유를 알고 싶다는 뜻이에요.

### 영어를 배우는 목적은 무엇인가요?
* '영어를 배우다'라는 표현은 앞으로 영어를 공부하면서도 많이 사용될 거예요!

### 이 앱의 목적은 무엇인가요?

### 운동의 목적은 무엇인가요?

### 이 프로젝트의 목적은 무엇인가요?

### 이 회의의 목적은 무엇인가요?

What's the purpose of learning history?
What's the purpose of social media?

# Chat GPT로 영어 공부하기

Chat GPT 등의 AI를 활용한 영어 학습에 대한 관심이 갈수록 높아지고 있어요. 학습 콘텐츠를 만들어 줄 뿐만 아니라 아웃풋을 같이 연습할 수도 있죠.

보통 아웃풋 연습은 혼자 해결할 수 없는 한계가 있어서 **실질적인 훈련을 하기가 쉽지 않죠.** 이 지점에서 Chat GPT가 큰 도움이 될 수 있어요. 외국인과 직접 대화하는 게 아직은 부담스럽거나 부끄러운 분들, 또는 부담 없이 편하게 말하기 연습을 하고 싶은 분들에게도 좋은 영어 공부 방법이죠.

아래 두 가지만 기억한다면 무리없이 쓸 수 있어요.

### 첫째, Chat GPT에게 명확한 역할을 부여해야 해요

역할을 잘 지정할수록 더 자연스럽고 원하는 방식으로 대화를 진행할 수 있어요. '너는 도서관의 사서야. 내가 책을 빌리려고 하는데, 어떻게 말해야 할지 잘 모르겠어. 간단한 인사 정도만 할 수 있는데, 내가 연습할 수 있도록 도와줘.', 또는 '지금 너는 외국에 있는 카페의 바리스타야. 내가 커피를 주문하려고 해. 왕초보 수준에 맞춰서 대화를 연습할 수 있도록 도와줘.' 이런 식으로 상황과 난이도를 구체적으로 알려 주면, Chat GPT가 나만을 위한 1:1 영어 과외 선생님이 되어 줄 수 있어요.

### 둘째, Chat GPT에게 구체적으로 질문해야 해요

Chat GPT는 사람이 아니기 때문에 질문이 모호하면 원하는 답변을 얻기가 어려워요. 예를 들어, '영어 공부 도와줘'보다는 '카페에서 우연히 만난 미국 원어민과 자기 소개를 하는 상황이야. 내가 틀린 문장을 말하면 자연스럽게 수정해 줘', 'BTS를 좋아하는 원어민과 인스타그램 DM을 주고받을 때 활용하기 좋은 문장들을 알려 줘'처럼 구체적으로 요청하는 것이 효과적이에요.

좀 더 자세한 설명을 원하시면
옆의 QR코드를 찍어 보세요.

영어언니
Chat GPT 영상
링크 연결 ▶

**Answer**

## 답변 패턴

대화의 시작은 질문이고, 그에 대한 답변은 대화의 완성이라고 볼 수 있습니다. 서로 질문만 할 수는 없는 노릇이죠. 상대방의 질문에 제대로 답을 할 수 있어야 대화가 이어질 수 있죠. 꼭 필요한 답변 패턴 50개를 여기에 모았습니다.

# A.051

## I can't wait to see you.
**당신을 빨리 만나고 싶어요.**

### I can't wait to meet your family.

### I can't wait to travel abroad.
*travel abroad는 '해외여행 가다'라는 의미예요.

### I can't wait to call you.

### I can't wait to read this book.

### I can't wait to visit Paris.

---

★ 말 만들어 보기 | 한글을 보고 영어를 만들어 보세요. 답은 오른편에 있습니다.

빨리 새로운 사람들을 만나고 싶어요.
빨리 쇼핑하러 가고 싶어요.

*meet new people 새로운 사람들을 만나다

A.051 강의 :

I can't wait to ~는 '빨리 ~하고 싶어요'란 뜻으로, 뭔가 너무 기대되고, 빨리 하고 싶은 마음을 말할 때 써요. 그냥 '기대돼요'보다 더 신나요. 예를 들어 I can't wait to see you.라고 하면, 빨리 당신을 만나고 싶어하는 느낌이에요.

### 당신 가족을 빨리 만나고 싶어요.
* '빨리 만나고 싶다'를 원어민이 자주 사용하는 패턴으로 말해 보세요!

### 빨리 해외여행을 가고 싶어요.

### 빨리 당신에게 전화하고 싶어요.

### 빨리 이 책을 읽고 싶어요.

### 빨리 파리를 방문하고 싶어요.

I can't wait to meet new people.
I can't wait to go shopping.

# A.052

# I was thinking of cleaning my room.

**방을 청소할까 생각 중이었어요.**

## I was thinking of visiting my parents.

## I was thinking of learning to play the guitar.

*guitar는 '기타'라는 뜻이에요.

## I was thinking of reading more books.

## I was thinking of baking a cake.

## I was thinking of trying to drink more water.

★ 말 만들어 보기 | 한글을 보고 영어를 만들어 보세요. 답은 오른편에 있습니다.

자원봉사를 해 볼까 생각 중이었어요.
캠핑을 갈까 생각 중이었어요.

*volunteer 자원봉사하다 go camping 캠핑 가다

A.052 강의 :

I was thinking of ~는 '~할까 생각 중이었어요'란 뜻으로, 어떤 생각이나 계획을 조심스럽게 꺼낼 때 쓰는 표현이에요. 그 아이디어가 아직 확정된 건 아니고 상대방의 의견이나 반응을 고려하며 부드럽게 제안한다는 느낌이에요. 예를 들어, I was thinking of going to the park later.라고 하면, 그냥 공원에 갈 거라고 말하는 게 아니라, '있다가 공원에 갈까 생각했는데 당신은 어때요?'라는 뉘앙스가 느껴져요.

**부모님을 방문할까 생각 중이었어요.**

**기타를 배울까 생각 중이었어요.**

**책을 더 많이 읽어 볼까 생각 중이었어요.**

**케이크를 구울까 생각 중이었어요.**

**물을 좀 더 마시려고 노력해 볼까 생각 중이었어요.**
* '물을 좀 더 마시다'는 영어로 어떻게 표현할 수 있을까요?

I was thinking of volunteering.
I was thinking of going camping.

# A.053

## She's busy cooking dinner.

그녀는 저녁을 요리하느라 바빠요.

I'm busy cleaning my room.

I'm busy finishing my report.

*report는 '보고서'라는 뜻이에요.

He's busy reading the textbook.

She's busy playing the piano.

They're busy preparing lunch.

*prepare는 '준비하다'라는 뜻이에요.

---

★ 말 만들어 보기 | 한글을 보고 영어를 만들어 보세요. 답은 오른편에 있습니다.

그는 비디오 게임을 하느라 바빠요. ...................................

우리는 집을 청소하느라 바빠요. ...................................

*clean the house 집을 청소하다

A.053 강의 :

---

be busy -ing는 '~하느라 바빠요'란 뜻으로, 특정 활동에 몰두하거나 시간을 보내고 있다는 걸 표현할 때 쓰는 말이에요. 단순히 바쁘다는 게 아니라, 뭘 하고 있는지 구체적으로 설명하면서 상대방에게 내 상황을 이해시키는 느낌이에요.

**방을 청소하느라 바빠요.**

**보고서를 마무리하느라 바빠요.**

**그는 그 교과서를 읽느라 바빠요.**

**그녀는 피아노를 치느라 바빠요.**

**그들은 점심을 준비하느라 바빠요.**
* '그들'이니 주어는 They를 사용해야겠죠?

He's busy playing video games.
We're busy cleaning the house.

# A.054

## I look forward to meeting you.

당신을 만나는 걸 기대하고 있어요.

I look forward to taking the class.

We look forward to swimming.

We look forward to planting flowers.

*plant는 '심다'라는 뜻이에요.

They look forward to starting a new hobby.

He looks forward to reading a new book.

★ 말 만들어 보기 | 한글을 보고 영어를 만들어 보세요. 답은 오른편에 있습니다.

수업에서 보기를 기대하고 있어요.

그녀는 새 차를 사는 걸 기대하고 있어요.

*class 수업

A.054 강의 :

look forward to -ing는 '~하는 걸 기대하고 있어요'란 뜻으로, 무언가를 매우 기대하고 있다는걸 나타내요. 이 구문은 단순히 '기대돼요'라고 하는 것보다, 미래의 즐거운 일이나 계획에 대해 더 정중하고 따뜻하게 표현하는 느낌이에요. 예를 들어, I look forward to meeting you.(당신을 만나는 걸 기대하고 있어요)라고 하면 그 순간을 진심으로 기대하고 있다는 느낌을 줘요.

### 나는 그 수업을 듣는 걸 기대하고 있어요.
* '~하는 걸 기대하고 있어요'는 패턴으로 어떻게 이야기할 수 있을까요?

### 우리는 수영하는 걸 기대하고 있어요.

### 우리는 꽃을 심는 걸 기대하고 있어요.
* '꽃을 심다'라는 표현을 영어로 먼저 떠올려 보세요!

### 그들은 새로운 취미를 시작하는 걸 기대하고 있어요.

### 그는 새 책을 읽는 걸 기대하고 있어요.

I look forward to seeing you in class.
She looks forward to buying a new car.

# A.055

# No wonder she's tired.

어쩐지 그녀가 피곤해하더라고요.

## No wonder it's so cold.

## No wonder they're late.

## No wonder she passed the test.

## No wonder the teacher is upset.
*upset은 '화난', '속상한'이란 뜻이에요.

## No wonder the students are excited.
*excited는 '신나는'이란 뜻이에요.

★ 말 만들어 보기 | 한글을 보고 영어를 만들어 보세요. 답은 오른편에 있습니다.

어쩐지 프로젝트가 지연되더라고요.
어쩐지 그녀가 웃고 있더라고요.

*be delayed 지연되다

A.055 강의 :

'No wonder + 주어 + 동사'는 '어쩐지 ~하더라고요'라는 뜻으로, 어떤 상황이나 결과가 당연하다는 걸 표현할 때 쓰는 구문이에요. 직역하면 '놀랄 일이 아니에요'가 되는데, 실제로는 '그럴 만하네요' 또는 '어쩐지 그럴더라고요'라는 뜻이에요. 예를 들어, No wonder she's tired.라고 하면, '그녀가 피곤한 게 당연하네요. 많이 바빴으니까요.'라는 맥락이 포함될 수 있어요.

**어쩐지 날씨가 너무 춥더라고요.**

**어쩐지 그들이 늦더라고요.**

**어쩐지 그녀가 시험에 합격했더라고요.**

**어쩐지 선생님이 화가 나셨더라고요.**

**어쩐지 학생들이 신나 있더라고요.**
* '신나 있다'는 영어로 뭐라고 할까요?

No wonder the project is delayed.
No wonder she's smiling.

# A.056

## I can't think of a joke.
농담이 생각나지 않아요.

### I can't think of his name.

### I can't think of the answer.

### I can't think of a place to visit.
*to visit이 place에 대해 설명해 줘요. '방문할 장소'라는 뜻이에요.

### I can't think of a good reason.

### I can't think of a topic.

★ 말 만들어 보기 | 한글을 보고 영어를 만들어 보세요. 답은 오른편에 있습니다.

초대할 사람이 생각나지 않아요.  ...........................

다음 단계가 생각나지 않아요.  ...........................

*invite 초대하다

A.056 강의 :

I can't think of ~는 '~가 생각나지 않아요'란 뜻으로, 무언가를 기억하거나 떠올리지 못할 때 사용하는 표현이에요. 단순히 '모르겠어요'라고 하는 것보다, 잠깐 생각해 봤지만 아직 답이 떠오르지 않는 상황을 부드럽게 전달하는 뉘앙스가 있어요. 예를 들어, I can't think of his name.이라고 하면, 그 사람의 이름이 기억나지 않지만 의도적으로 잊은 건 아니라는 걸 표현하는 거죠.

### 그의 이름이 생각나지 않아요.
* '~가 생각나지 않아요'라는 패턴이 무엇이었는지 먼저 떠올려 보세요!

### 답이 생각나지 않아요.

### 방문할 곳이 생각나지 않아요.

### 좋은 이유가 생각나지 않아요.

### 주제가 떠오르지 않아요.
* '주제'는 영어로 뭐라고 할까요?

I can't think of anyone to invite.
I can't think of the next step.

# A.057

## I'm from Korea.
저는 한국에서 왔어요.

## I'm from Spain.

## I'm from Busan.

## I'm from a big city.

## I'm from a seaside city.
*seaside city는 '바닷가 근처에 있는 도시'를 의미해요.

## I'm from London.

★ 말 만들어 보기 | 한글을 보고 영어를 만들어 보세요. 답은 오른편에 있습니다.

저는 오사카에서 왔어요.
저는 캘리포니아에서 왔어요.

*Osaka 오사카

A.057 강의 :

I'm from ~은 '저는 ~에서 왔어요'라는 뜻이에요. 어디 출신인지 말할 때 쓰는 기본 표현이에요. 예를 들어, I'm from Seoul.이라고 하면, '서울에서 왔어요'라는 뜻이고, 상대방이 '서울에 대해 더 얘기해 볼까?' 하고 관심을 가질 수도 있어요.

### 저는 스페인에서 왔어요.

### 저는 부산에서 왔어요.

### 저는 대도시 출신이에요.
* '대도시'는 '큰 도시'라는 의미죠? 영어로 어떻게 표현할 수 있을까요?

### 저는 바닷가 도시 출신이에요.

### 저는 런던에서 왔어요.

I'm from Osaka.
I'm from California.

# A.058

# I recommend eating healthy food.

**몸에 좋은 음식을 먹는 걸 추천해요.**

## I recommend ordering the steak.
*order는 여기서 '주문하다'라는 뜻이에요.

## I recommend the art museum.

## I recommend this book.

## I recommend trying yoga.
*try는 '시도하다', '해 보다'라는 뜻이에요.

## I recommend this brand.

★ **말 만들어 보기** | 한글을 보고 영어를 만들어 보세요. 답은 오른편에 있습니다.

혼자 여행해 보는 걸 추천해요. .................................................

테니스를 한번 해 보는 걸 추천해요. .................................................

*try tennis 테니스를 한번 해 보다

A.058 강의 :

I recommend ~는 '~를 추천해요'라는 뜻이에요. 내가 해 봤거나 좋다고 생각한 걸 다른 사람에게 알려 줄 때 써요. 예를 들어, I recommend this book.이라고 하면, '이 책 좋았어요. 한번 읽어 보세요.' 같은 느낌이에요. 이런 표현은 대화를 자연스럽게 이어가고 상대에게 도움이 되는 정보를 줄 때 자주 씁니다.

### 스테이크를 주문하는 걸 추천해요.
* '스테이크를 주문하다'는 영어로 뭐라고 할까요?

### 미술관을 추천해요.

### 이 책을 추천해요.

### 요가를 해 보는 걸 추천해요.

### 이 브랜드를 추천해요.

I recommend traveling alone.

I recommend trying tennis.

# A.059

## I live in France.
저는 프랑스에 살아요.

### I live in the countryside.
*countryside는 '시골'이라는 의미예요.

### I live in New York.

### I live in a dorm.

### I live in the suburbs.
*suburb는 '교외'라는 뜻이에요.

### I live in a small town.

★ 말 만들어 보기 | 한글을 보고 영어를 만들어 보세요. 답은 오른편에 있습니다.

저는 스페인에 살아요.　　　　　　　　　　...................................
저는 해변 근처 마을에 살아요.　　　　　　　...................................

*seaside town 해변 근처 마을

A.059 강의 :

I live in ~은 '저는 ~에 살아요'란 뜻으로, 자신의 현재 거주지를 말하는 가장 기본적인 표현이에요. 이 패턴은 내가 어디에서 지내는지 상대방에게 소개하며 자연스럽게 대화를 시작할 때 유용해요. 예를 들어, I live in Seoul.(저는 서울에 살아요)이라고 하면 상대방이 '서울은 어때요?' 같은 추가 질문을 할 수 있게 되죠.

### 저는 시골에 살아요.
* '시골'은 영어로 어떻게 말할까요?

### 저는 뉴욕에 살아요.

### 저는 기숙사에 살아요.

### 저는 교외에 살아요.
* '교외'를 영어로 생각해 보세요! 조금 어렵게 느껴져도 기억해야 할 단어랍니다.

### 저는 작은 마을에 살아요.

I live in Spain.

I live in a seaside town.

# A.060

## I'm an artist.
저는 예술가예요.

## I'm a teacher.

## I'm a doctor.

## I'm a student.

## I'm a police officer.
*police officer는 '경찰관'이란 뜻이에요.

## I'm a musician.

★ 말 만들어 보기 | 한글을 보고 영어를 만들어 보세요. 답은 오른편에 있습니다.

저는 영화 제작자예요.
저는 사진사예요.

*filmmaker 영화 제작자

A.060 강의 :

'I'm a/an + 직업명'은 '저는 ~예요'라고 말할 때 써요. 자기 직업을 간단하게 말할 수 있고, 상대방이 더 궁금한 걸 물어보면서 대화도 이어질 수 있어요. 예를 들어, I'm a teacher. 하면, "어떤 과목 가르치세요?"라고 대화가 자연스럽게 이어질 수 있어요.

### 저는 선생님이에요.

### 저는 의사예요.

### 저는 학생이에요.
* '학생'은 영어로 어떻게 이야기하죠?

### 저는 경찰관이에요.

### 저는 음악가예요.

I'm a filmmaker.
I'm a photographer.

# A.061

## I prefer coffee over tea.
저는 차보다 커피를 더 좋아해요.

## I prefer chocolate over candy.

## I prefer spicy food over sweet food.
*spicy는 '매운'이란 의미예요.

## I prefer reading over watching TV.

## I prefer pasta over rice.

## I prefer walking over driving.

★ 말 만들어 보기 | 한글을 보고 영어를 만들어 보세요. 답은 오른편에 있습니다.

저는 노래 부르는 것보다 춤추는 걸 더 좋아해요.
저는 개보다 고양이를 더 좋아해요.

*sing 노래 부르다  dance 춤추다

A.061 강의 :

I prefer A over B는 '저는 B보다 A를 더 좋아해요'란 뜻으로, 두 가지를 비교했을 때 내가 어느 것을 더 좋아하는지 알려 주는 표현이에요. 이 패턴은 A가 B보다 더 낫다고 느낀다는 개인적인 선호를 담고 있어요. 예를 들어, I prefer coffee over tea.라고 말하면, 차도 좋아할 수 있지만 커피를 더 선호한다는 뉘앙스를 전달해요.

### 저는 사탕보다 초콜릿을 더 좋아해요.
* '~보다 ~를 더 좋아한다'라는 표현을 어떻게 이야기할 수 있을지 생각해 보세요!

### 저는 단 음식보다 매운 음식을 더 좋아해요.

### 저는 TV 보는 것보다 책 읽는 걸 더 좋아해요.

### 저는 밥보다 파스타를 더 좋아해요.

### 저는 운전하는 것보다 걷는 걸 더 좋아해요.

I prefer dancing over singing.

I prefer cats over dogs.

# A.062

## I'm interested in reading books.

**저는 책 읽는 것에 관심이 있어요.**

### I'm interested in painting.

### I'm interested in hiking.

### I'm interested in yoga.

### I'm interested in cooking.

### I'm interested in modern art.
* modern art는 '현대 미술'이라는 의미예요.

★ **말 만들어 보기** | 한글을 보고 영어를 만들어 보세요. 답은 오른편에 있습니다.

저는 테니스에 관심이 있어요.　　　　　　　　　　................................................
저는 달리기에 관심이 있어요.　　　　　　　　　　................................................

*running 달리기

A.062 강의 :

I'm interested in ~은 '저는 ~에 관심 있어요'라는 뜻이에요. 이 표현은 단순히 '좋다'는 느낌을 넘어서, 그 주제에 대해 더 알고 싶거나 즐긴다는 의미도 있어요. 예를 들어, I'm interested in photography.라고 하면, 그냥 사진이 좋다는 말이 아니라 '사진을 더 배우고 싶다', '즐겁게 하고 있다'는 느낌을 같이 전하는 거예요.

### 저는 그림 그리기에 관심이 있어요.

### 저는 등산에 관심이 있어요.

### 저는 요가에 관심이 있어요.

### 저는 요리에 관심이 있어요.

### 저는 현대 미술에 관심이 있어요.
* '현대 미술'은 영어로 뭐라고 하죠?

I'm interested in tennis.
I'm interested in running.

# A.063

## I don't like chocolate.
저는 초콜릿을 좋아하지 않아요.

### I don't like seafood.
*seafood는 '해산물'이라는 의미예요.

### I don't like tea.

### I don't like burgers.

### I don't like swimming.

### I don't like working out.
*work out은 '운동하다'라는 의미예요.

---

★ 말 만들어 보기 | 한글을 보고 영어를 만들어 보세요. 답은 오른편에 있습니다.

저는 추운 날씨를 좋아하지 않아요. ................................................

저는 시끄러운 곳을 좋아하지 않아요. ................................................

*noisy place 시끄러운 곳

A.063 강의 :

I don't like ~는 '저는 ~를 좋아하지 않아요'라는 뜻이에요. 이 표현은 솔직하게 내가 싫어하는 걸 말할 수 있어요. I don't like spicy food.라고 하면, 매운 음식을 먹기 힘들거나 입맛에 안 맞는다는 느낌을 자연스럽게 전달할 수 있어요.

### 저는 해산물을 좋아하지 않아요.
* '해산물'은 영어로 어떻게 이야기할까요? '바다의 음식'이 해산물이랍니다.

### 저는 차를 좋아하지 않아요.

### 저는 햄버거를 좋아하지 않아요.

### 저는 수영을 좋아하지 않아요.

### 저는 운동하는 걸 좋아하지 않아요.
* '운동하다'는 exercise도 있지만, 여기서는 다른 표현을 사용했어요!

I don't like cold weather.
I don't like noisy places.

# A.064

# You should try the pizza.

**그 피자 꼭 한번 먹어 보세요.**

## You should try the pasta.

## You should try the bubble tea.

## You should try cycling.
*cycling은 '자전거 타기'라는 뜻이에요.

## You should try cooking.

## You should try meeting new people.
*meet은 '만나다'라는 뜻이에요.

★ **말 만들어 보기** | 한글을 보고 영어를 만들어 보세요. 답은 오른편에 있습니다.

해변에 꼭 가 보세요. ........................................
명상을 꼭 해 보세요. ........................................

*meditation 명상

A.064 강의 :

You should try ~는 '~를 꼭 한번 해 보세요'라는 뜻이에요. 이 표현은 뭔가를 추천할 때, 부담 없이 부드럽게 말할 수 있어요. 예를 들어, You should try hiking.이라고 하면, '등산 재미있었어요. 한번 해 보세요' 하고 가벼운 느낌으로 권유하는 거예요.

### 그 파스타 꼭 한번 먹어 보세요.

### 그 버블티 꼭 한번 먹어 보세요.

### 자전거 타기를 꼭 한번 해 보세요.
* '자전거 타기'는 영어로 뭐라고 하죠?

### 요리를 꼭 해 보세요.

### 새로운 사람들을 꼭 만나 보세요.
* '새로운 사람들을 만나다'는 영어로 어떻게 이야기할 수 있을까요?

You should try going to the beach.
You should try meditation.

# A.065

# My favorite place is my home.

제가 가장 좋아하는 장소는 집이에요.

## My favorite place is my room.

## My favorite place is the garden.
*garden은 '정원'이라는 뜻이에요.

## My favorite place is the gym.

## My favorite place is New York.

## My favorite place is my school.

★ 말 만들어 보기 | 한글을 보고 영어를 만들어 보세요. 답은 오른면에 있습니다.

제가 가장 좋아하는 장소는 박물관이에요.
제가 가장 좋아하는 장소는 동물원이에요.

*museum 박물관

A.065 강의 :

My favorite place is ~는 '제가 가장 좋아하는 장소는 ~예요'라는 뜻이에요. 그냥 장소 이름만 말하는 게 아니라, 그 장소에 얽힌 내 기분이나 이유도 약간 들어가 있어요. 예를 들어, My favorite place is the park.라고 하면, '그 공원에서 산책하거나 쉬는 걸 좋아한다'는 느낌까지 같이 전하는 거예요.


### 제가 가장 좋아하는 장소는 제 방이에요.


### 제가 가장 좋아하는 장소는 정원이에요.
* '정원'은 영어로 어떻게 이야기할 수 있을까요?


### 제가 가장 좋아하는 장소는 체육관이에요.


### 제가 가장 좋아하는 장소는 뉴욕이에요.


### 제가 가장 좋아하는 장소는 제 학교예요.




My favorite place is the museum.

My favorite place is the zoo.

# A.066

# I want to visit New York.

**저는 뉴욕을 방문하고 싶어요.**

I want to visit Paris.

I want to visit the beach.

I want to visit a forest.

I want to visit an old town.

I want to visit a castle.
*castle은 '성'이라는 의미예요.

★ **말 만들어 보기** | 한글을 보고 영어를 만들어 보세요. 답은 오른편에 있습니다.

저는 역사적인 장소를 방문하고 싶어요. ......................................................

저는 제주도를 방문하고 싶어요. ......................................................

*historical site 역사적인 장소

A.066 강의 :

I want to visit ~은 '저는 ~를 방문하고 싶어요'라는 의미입니다. 이 표현은 내가 가보고 싶은 곳을 자연스럽게 말할 수 있어요. 단순히 '가고 싶다'는 말이 아니라, 그 장소에 대해 기대하거나 궁금한 마음도 함께 담고 있어요. 만약 I want to visit Paris.라고 하면, 파리의 문화나 음식, 명소에 대한 관심까지 느껴진답니다.

### 저는 파리를 방문하고 싶어요.

### 저는 해변에 가 보고 싶어요.

### 저는 숲을 방문하고 싶어요.

### 저는 옛날 마을을 방문하고 싶어요.

### 저는 성을 방문하고 싶어요.
* '성'은 영어로 뭐라고 할까요?

I want to visit a historical site.
I want to visit Jeju Island.

# A.067

## Sorry about the mistake.
실수해서 죄송해요.

### Sorry about the noise.

### Sorry about not calling.
*calling 같은 동명사의 부정은 동명사 앞에 not을 넣어 주면 돼요.

### Sorry about the mess.

### Sorry about the misunderstanding.
*misunderstanding은 '오해'라는 의미예요.

### Sorry about the error.

---

★ 말 만들어 보기 | 한글을 보고 영어를 만들어 보세요. 답은 오른편에 있습니다.

늦어서 미안해요.  
혼란을 드려서 죄송해요.

*confusion 혼란

A.067 강의 :

Sorry about ~은 '~해서 미안해요/죄송해요'라는 뜻이에요. 무슨 일에 대해 사과할 때 그 이유를 함께 말하고 싶을 때 자주 써요. Sorry about not calling earlier.처럼 왜 미안한지를 덧붙일 수 있어요. 이 표현은 친구랑 얘기할 때도, 회사나 공적인 자리에서도 자주 쓰여요. 부담 없이, 공손하게 사과할 수 있는 표현이에요.

**시끄럽게 해서 미안해요.**

**전화하지 못해서 미안해요.**

**어지럽혀서 미안해요.**

**오해해서 죄송해요.**

**오류가 있어서 죄송합니다.**
* '오류'는 영어로 어떻게 이야기할 수 있을까요?

Sorry about being late.
Sorry about the confusion.

# A.068

## Let's go home.
집에 가요.

## Let's go shopping.

## Let's go outside.
*outside는 '밖에'라는 뜻이에요.

## Let's see a movie.

## Let's decide together.

## Let's take a trip.
*take a trip은 '여행 가다'라는 의미예요.

★ 말 만들어 보기 | 한글을 보고 영어를 만들어 보세요. 답은 오른편에 있습니다.

우리 아이디어를 공유해요.
우리 문제를 해결해요.

*share 공유하다

A.068 강의 :

Let's ~는 '우리 ~해요'라는 뜻이에요. 친구나 누군가에게 같이 뭔가 하자고 제안할 때 쓰죠. 예를 들어, Let's go to the park.는 '공원 가요'란 뜻인데, 그냥 가자는 말이 아니라 '같이 놀아요'란 느낌이 들어 있어요. 분위기도 부드럽고, 같이 뭔가 하자고 자연스럽게 말할 수 있습니다. Let's take a trip. 하면 '같이 여행 가요' 이런 느낌이에요.

### 우리 쇼핑하러 가요.
* '우리 ~ 해요'는 어떤 패턴을 사용해 이야기할 수 있을까요?

### 우리 밖으로 나가요.

### 우리 영화 보러 가요.
* '영화 보러 가다'를 영어로 떠올려 보세요!

### 우리 함께 결정해요.

### 우리 여행 가요.

Let's share our ideas.
Let's solve the problem.

# A.069

## I watch movies for fun.

**나는 재미로 영화를 봐요.**

I play games for fun.

I cook for fun.

I dance for fun.

I study French for fun.

I jog for fun.

*jog는 '조깅하다'라는 뜻이에요.

★ 말 만들어 보기 | 한글을 보고 영어를 만들어 보세요. 답은 오른편에 있습니다.

나는 재미로 유튜브를 봐요.
나는 재미로 체스를 둬요.

*YouTube 유튜브

A.069 강의 :

I ~ for fun은 '나는 재미로 ~해요'라는 뜻이에요. 뭔가를 꼭 잘하려고 하거나 큰 목적이 있어서 하는 게 아니라, 그냥 즐겁고 좋아서 하는 걸 말해요. 예를 들어, I cook for fun. 하면 '요리를 재미로 해요'라는 뜻이에요. 공부나 여행, 게임, 유튜브 보기 등 어떤 활동이든 다 쓸 수 있어요. 결과보다는 '하는 그 순간'을 즐긴다는 느낌이에요!

### 나는 재미로 게임을 해요.
* '재미로'를 어떤 패턴을 사용해 이야기할 수 있을까요?

### 나는 재미로 요리를 해요.

### 나는 재미로 춤을 춰요.

### 나는 재미로 프랑스어를 배워요.

### 나는 재미로 조깅을 해요.

I watch YouTube for fun.
I play chess for fun.

# A.070

## It's because I'm tired.
그건 제가 피곤해서예요.

### It's because I'm hungry.

### It's because it's cold.

### It's because I'm scared.

### It's because it's raining.

### It's because I'm worried.
*be worried는 '걱정되다'란 뜻이에요.

★ **말 만들어 보기** | 한글을 보고 영어를 만들어 보세요. 답은 오른편에 있습니다.

그건 제가 행복해서예요.　　　　　　　　.................................
그건 제가 화가 나서예요.　　　　　　　　.................................

*angry 화난

A.070 강의 :

It's because ~는 '그건 ~해서예요'라는 뜻이에요. 어떤 일이 생긴 이유를 간단하게 말하고 싶을 때 자주 써요. 누가 "왜 그래요?"라고 물으면 It's because I'm tired.처럼 말해서 상황을 설명할 수 있어요.

### 그건 제가 배고파서예요.

### 그건 날씨가 추워서예요.

### 그건 제가 무서워서예요.
* '무서운'은 영어로 어떻게 이야기할 수 있을까요?

### 그건 비가 와서예요.

### 그건 제가 걱정돼서예요.

It's because I'm happy.
It's because I'm angry.

# A.071

## It's about your health.
**그건 당신 건강에 관한 거예요.**

### It's about time.

### It's about communication.
*communication은 '소통'이란 뜻이에요.

### It's about the noise.

### It's about the report.

### It's about the delay.
*delay는 '지연'이란 뜻이에요.

★ **말 만들어 보기** | 한글을 보고 영어를 만들어 보세요. 답은 오른면에 있습니다.

그건 실수에 관한 거예요.

그건 문서에 관한 거예요.

*document 문서

A.071 강의 :

It's about ~은 '그건 ~에 관한 거예요'라는 뜻이에요. 이 표현은 지금 이야기하고 있는 주제나 문제를 말하고 싶을 때 써요. 예를 들어 It's about teamwork.이라고 하면, 지금 이야기의 핵심이 팀워크라는 뜻이죠. 상대방의 관심을 끌거나, 뭔가 중요한 걸 강조하고 싶을 때 자주 써요. 일상 대화는 물론이고, 조금 더 정중한 자리에서도 잘 어울리는 표현이에요.

### 그건 시간에 관한 거예요.
* '그건 ~에 관한 거예요'라는 패턴은 어떻게 말할 수 있을까요?

### 그건 소통에 관한 거예요.

### 그건 소음에 관한 거예요.

### 그건 보고서에 관한 거예요.

### 그건 지연에 관한 거예요.
* '지연'은 영어로 뭐라고 표현할까요?

It's about the mistake.
It's about the document.

# A.072

## I think it's great.
제 생각엔 그게 정말 좋아요.

### I think it's amazing.

### I think it's wonderful.
*wonderful은 '훌륭한'이란 뜻이에요.

### I think it's beautiful.

### I think it's interesting.

### I think it's useful.
*useful은 '유용한'이란 의미예요.

★ 말 만들어 보기 | 한글을 보고 영어를 만들어 보세요. 답은 오른편에 있습니다.

제 생각엔 그게 불공평해요.
제 생각엔 그게 어려워요.

*unfair 불공평한

A.072 강의 :

I think ~는 '제 생각엔 ~해요'란 뜻으로, 자신의 의견을 말할 때 사용하는 가장 기본적인 표현이에요. 예를 들어, I think it's great.은 '제 생각엔 그게 정말 좋아요'란 뜻이에요. 원어민들은 이 패턴을 사용해 상대방에게 부담을 주지 않고 자신의 생각을 전달해요. 단정적이지 않고 개인적인 생각임을 강조하기 때문에 공손한 느낌을 줍니다.

**제 생각엔 그게 놀라워요.**

**제 생각엔 그게 훌륭해요.**

**제 생각엔 그게 아름다워요.**

**제 생각엔 그게 흥미로워요.**
* '흥미로운', '흥미를 주는'이란 뜻의 단어를 떠올려 보세요.

**제 생각엔 그게 유용해요.**

I think it's unfair.
I think it's difficult.

# A.073

## I'd rather stay home.
**저는 차라리 집에 있을래요.**

### I'd rather go out.
*go out은 '외출하다'란 뜻이에요.

### I'd rather drink coffee.

### I'd rather read a book.

### I'd rather call later.

### I'd rather wait.

---

★ **말 만들어 보기** | 한글을 보고 영어를 만들어 보세요. 답은 오른편에 있습니다.

저는 차라리 조용히 있을래요. ..................................................

저는 차라리 일찍 잘래요. ..................................................

\* early 일찍

I'd rather ~는 '저는 차라리 ~할래요'란 뜻으로, 상대적으로 더 선호하는 선택을 부드럽게 표현할 때 사용해요. 예를 들어, I'd rather stay home.은 '저는 다른 선택보다 집에 있는 걸 더 좋아해요'란 뜻이에요. 원어민들은 이 표현을 사용해 자신의 선호를 명확히 하면서도 상대방에게 강한 거부감을 주지 않도록 말해요. 부정적인 선택에서는 I'd rather not ~을 사용해 공손히 거절하거나 피하고 싶은 것을 전달해요.

### 저는 차라리 외출할래요.
* '외출하다'는 영어로 뭐라고 할까요?

### 저는 차라리 커피를 마실래요.

### 저는 차라리 책을 읽을래요.

### 저는 차라리 나중에 전화할래요.
* '나중에 전화하다'는 영어로 어떻게 말할 수 있을까요?

### 저는 차라리 기다릴래요.

I'd rather stay quiet.
I'd rather go to bed early.

# A.074

## I'm glad you're here.

당신이 여기 있어서 기뻐요.

### I'm glad you're okay.

### I'm glad he's happy.

### I'm glad I tried.

### I'm glad I studied hard.
*hard는 '열심히'라는 의미예요.

### I'm glad I prepared well.

★ 말 만들어 보기 | 한글을 보고 영어를 만들어 보세요. 답은 오른편에 있습니다.

제가 포기하지 않아서 다행이에요.
그들이 함께 있다니 기뻐요.

*give up 포기하다

A.074 강의 :

I'm glad ~는 '~해서 기뻐요', '~해서 다행이에요'란 뜻으로, 상황이나 결과에 대해 기뻐하거나 안도하는 마음을 표현할 때 사용해요. 예를 들어, I'm glad you're here. 는 '당신이 여기 있어서 기뻐요'란 감정을 나타내요. 원어민들은 상대방에게 긍정적인 감정을 전하거나 상대방을 안심시킬 때 이 표현을 사용해요.

### 당신이 괜찮아서 기뻐요.
* '~해서 기뻐요'는 어떤 패턴을 사용해 이야기할 수 있을까요?

### 그가 행복하다니 기뻐요.

### 시도해 보길 잘했네요.

### 열심히 공부해서 다행이에요.

### 잘 준비해서 다행이에요.
* '잘 준비하다'는 영어로 어떻게 말할까요?

I'm glad I didn't give up.
I'm glad they're together.

# A.075

## I'm going to eat.
저는 먹을 거예요.

### I'm going to sleep.

### I'm going to read.

### I'm going to watch TV.

### I'm going to call my friend.

### I'm going to take a shower.
*take a shower는 '샤워하다'란 뜻이에요.

★ 말 만들어 보기 | 한글을 보고 영어를 만들어 보세요. 답은 오른편에 있습니다.

저는 공부할 거예요.　　　　　　　　　.................................................
저는 일찍 잘 거예요.　　　　　　　　　.................................................

*early 일찍

A.075 강의 :

I'm going to ~는 '저는 ~할 거예요'란 뜻으로, 앞으로 할 일을 이야기할 때 쓰는 가장 기본적이고 일상적인 표현이에요. 예를 들어, I'm going to eat.은 '내가 계획한 대로 곧 먹을 거예요'라는 뜻이에요. 원어민들은 이 표현을 사용해 일상 대화에서 미래 계획이나 결심을 자연스럽게 전달해요. 이 표현은 공식적인 자리보다는 친근한 상황에서 자주 사용되며, 계획이 이미 정해져 있음을 암시해요.

### 저는 잘 거예요.
* '~할 거예요'라는 예정의 의미가 포함된 패턴이에요.

### 저는 읽을 거예요.

### 저는 TV를 볼 거예요.

### 저는 친구에게 전화할 거예요.

### 저는 샤워할 거예요.
* '샤워하다'는 보통 take이라는 동사를 사용해 표현한답니다.

I'm going to study.

I'm going to go to bed early.

# A.076

## The cake is quite good.
케이크가 꽤 괜찮아요.

### The book is quite good.
*quite는 '꽤'라는 뜻이에요.

### The movie is quite good.

### The job is quite good.

### The solution is quite good.

### The hotel is quite good.

★ 말 만들어 보기 | 한글을 보고 영어를 만들어 보세요. 답은 오른편에 있습니다.

앱이 꽤 괜찮아요.

스테이크가 꽤 괜찮아요.

*steak 스테이크

A.076 강의 :

~ be quite good은 '~가 꽤 괜찮아요'란 뜻으로, 무언가를 긍정적으로 평가할 때 사용하는 표현이에요. 이 구문은 '아주 좋다'보다는 조금 더 부드럽게 표현하는 말이에요. 예를 들어, The movie is quite good.은 '영화가 꽤 괜찮아요'란 뜻으로, 영화가 만족스럽다는 것을 과장되지 않게 전달하는 표현이에요. 원어민들은 상대방에게 긍정적인 피드백을 주거나 추천할 때 이 표현을 자주 사용해요.

### 책이 꽤 괜찮아요.
* '~가 꽤 괜찮아요'라는 의미를 가진 패턴은 어떻게 될까요?

### 영화가 꽤 좋아요.

### 일이 꽤 괜찮아요.

### 해결책이 꽤 좋아요.

### 호텔이 꽤 괜찮아요.

The app is quite good.

The steak is quite good.

# A.077

## I can't stand the cold.

**저는 추위를 참을 수 없어요.**

### I can't stand waiting.

### I can't stand traffic jams.
*traffic jam은 '교통 체증'이라는 의미예요.

### I can't stand rude people.

### I can't stand people who get jealous easily.
*jealous는 '질투심 많은'이란 뜻이에요.

### I can't stand loud music.

---

★ **말 만들어 보기** | 한글을 보고 영어를 만들어 보세요. 답은 오른편에 있습니다.

저는 그 소음을 참을 수 없어요. ....................................................

저는 더위를 참을 수 없어요. ....................................................

*noise 소음  heat 더위

A.077 강의 :

I can't stand ~는 '저는 ~를 참을 수 없어요'라는 뜻이에요. 무언가가 너무 싫거나 불편할 때 이렇게 말해요. 예를 들어 I can't stand the noise.는 '그 소음을 참을 수 없어요'라는 의미예요. 이 표현은 감정이 좀 강하게 느껴질 수 있어서, 보통 친한 사람들 사이에서 쓰면 좋아요.

### 저는 기다리는 걸 참을 수 없어요.
* '~를 참을 수 없어요'라는 패턴은 어떻게 이야기할 수 있을까요?

### 저는 교통 체증을 참을 수 없어요.
* '교통 체증'은 영어로 어떻게 말할 수 있을까요?

### 저는 무례한 사람들을 참을 수 없어요.

### 저는 쉽게 질투하는 사람들을 참을 수 없어요.

### 저는 시끄러운 음악을 참을 수 없어요.

I can't stand the noise.
I can't stand the heat.

# A.078

## I feel like crying.
울고 싶은 기분이에요.

### I feel like dancing.

### I feel like throwing up.
*throw up은 '토하다'라는 뜻이에요.

### I feel like having coffee.

### I feel like this is all my fault.

### I feel like staying home tonight.

★ 말 만들어 보기 | 한글을 보고 영어를 만들어 보세요. 답은 오른편에 있습니다.

나는 길을 잃은 기분이에요.
산책하고 싶은 기분이에요.

*be lost 길을 잃다

A.078 강의:

I feel like ~는 '~하고 싶은 기분이에요'라는 뜻이에요. I feel like crying.(나 지금 울고 싶은 기분이에요)처럼요. 자기 감정이나 기분을 솔직하게 표현할 때 쓰는 말이에요. 반면에 It feels like ~는 '~한 느낌이에요'로, 어떤 상황이나 분위기가 그렇게 느껴질 때 써요. 즉, 내가 뭔가 하고 싶을 때는 I feel like, 어떤 상황이 어떤 느낌일 땐 It feels like를 쓰면 돼요.

### 춤추고 싶은 기분이에요.
* '~하고 싶은 기분이에요'는 패턴으로 어떻게 이야기할 수 있을까요?

### 토할 것 같은 기분이에요.

### 커피를 마시고 싶은 기분이에요.

### 이 모든 게 제 잘못인 것 같은 기분이에요.

### 오늘 밤엔 집에 있고 싶은 기분이에요.

I feel like I'm lost.
I feel like going for a walk.

# A.079

# I wish I could swim.
**수영을 할 수 있었으면 좋겠어요.**

## I wish I had more money.
*I wish I ~ 뒤에는 '과거 동사'가 나와야 돼요.

## I wish I had more time.

## I wish I could travel more.

## I wish I had more friends.

## I wish I had a car.

★ **말 만들어 보기** | 한글을 보고 영어를 만들어 보세요. 답은 오른편에 있습니다.

내가 대도시에 살았으면 좋겠어요. .....................................................
좀 더 자신감이 있었으면 좋겠어요. .....................................................

*confident 자신감 있는

A.079 강의 :

'I wish I + 과거 동사'는 '내가 ~했으면 좋겠어요'처럼, 지금 상황이랑은 다른 바람이나 아쉬움을 표현할 때 써요. 예를 들어 I wish I could swim.은 '나 수영 못하지만, 수영할 수 있으면 좋겠어요'라는 뜻이에요. 이 표현은 지금 내가 뭔가를 못하고 있어서 아쉬울 때, 또는 뭔가 바꾸고 싶을 때 자주 써요. wish는 그냥 바람이라 현실은 그렇지 않다는 뉘앙스가 담겨 있어요.

### 돈이 더 많았으면 좋겠어요.

* 'I wish I + 과거 동사' 패턴을 사용해 얘기해 보세요.

### 시간이 더 많았으면 좋겠어요.

### 더 많이 여행할 수 있다면 좋겠어요.

* '더 많이 여행하다'는 영어로 어떻게 말할 수 있을까요?

### 친구가 더 많았으면 좋겠어요.

### 차가 있다면 좋겠어요.

I wish I lived in a big city.

I wish I were more confident.

# A.080

## I was hoping to see you.

**나는 당신을 만나고 싶었어요.**

### I was hoping to talk to you.

### I was hoping to visit you.

### I was hoping to go out.

### I was hoping to go hiking.
*go hiking은 '하이킹하러 가다'라는 뜻이에요.

### I was hoping to get the job.

★ 말 만들어 보기 | 한글을 보고 영어를 만들어 보세요. 답은 오른편에 있습니다.

나는 새로운 사람들을 만나고 싶었어요.
나는 해외여행을 가고 싶었어요.

*travel abroad 해외여행을 가다

A.080 강의:

I was hoping to ~는 '나는 ~하고 싶었어요'란 뜻으로, 자신의 기대나 바람을 부드럽게 표현할 때 사용해요. 예를 들어, I was hoping to see you.는 '나는 당신을 만나고 싶었어요'라는 뜻으로, 상대방에게 지나치게 부담을 주지 않으면서 자신의 마음을 전달하는 말이에요. 과거형을 사용해 거절의 가능성을 열어 둔 공손한 표현이에요.

### 나는 당신과 이야기하고 싶었어요.
* '나는 ~하고 싶었어요'는 어떤 패턴으로 얘기할 수 있을까요?

### 나는 당신을 방문하고 싶었어요.

### 나는 외출하고 싶었어요.

### 나는 하이킹을 가고 싶었어요.
* '하이킹하러 가다'는 영어로 어떻게 얘기할 수 있을까요?

### 나는 그 직업을 얻고 싶었어요.

I was hoping to meet new people.
I was hoping to travel abroad.

# A.081

# There is something about her.

**그녀에겐 뭔가 특별한 게 있어요.**

## There is something about their smiles.

## There is something about her eyes.

## There is something about this street.
*street는 '거리'라는 의미예요.

## There is something about this coffee.

## There is something about this car.

★ **말 만들어 보기** | 한글을 보고 영어를 만들어 보세요. 답은 오른편에 있습니다.

이 음악에는 뭔가 특별한 점이 있어요.
그 공원에는 뭔가 특별한 게 있어요.

*park 공원

A.081 강의 :

There is something about ~은 '~에는 뭔가 특별한 게 있어요'란 뜻으로, 특정한 대상이나 상황이 특별하거나 독특하다는 느낌을 표현할 때 사용해요. 예를 들어, There is something about her smile.은 '그녀의 미소에는 어떤 설명하기 힘든 매력이 있어요'란 뜻이에요. 원어민들은 이 표현을 사용해 그 대상을 향한 감정적 연결이나 신비로운 매력을 암시해요.

### 그들의 미소에는 뭔가 특별한 게 있어요.
* '~에는 뭔가 특별한 게 있어요'는 어떤 패턴을 통해 표현할 수 있을까요?


### 그녀의 눈에는 뭔가 매혹적인 게 있어요.


### 이 거리에는 뭔가 흥미로운 게 있어요.
* '거리'는 영어로 뭐라고 할까요?


### 이 커피에는 뭔가 특별한 맛이 있어요.


### 이 차에는 뭔가 특별한 매력이 있어요.


There is something about this music.

There is something about the park.

# A.082

# That dress looks good on you.

**그 드레스가 당신에게 잘 어울려요.**

That jacket **looks good on** you.

Green **looks good on** him.

This ring **looks good on** you.

*ring은 '반지'라는 의미예요.

This tie **looks good on** him.

*tie는 '넥타이'라는 뜻이에요.

This hat **looks good on** you.

★ 말 만들어 보기 | 한글을 보고 영어를 만들어 보세요. 답은 오른편에 있습니다.

이 스웨터가 그에게 잘 어울려요.  ..................................................
분홍색이 그녀에게 잘 어울려요.  ..................................................

*sweater 스웨터

A.082 강의 :

look good on ~은 '…가 ~에게 잘 어울려요'란 뜻으로, 누군가의 외모나 스타일을 칭찬할 때 사용하는 표현이에요. 예를 들어, That dress looks good on you.는 '그 드레스가 당신에게 잘 어울려요'라는 뜻이에요. 원어민들은 이 표현을 사용해 상대방의 패션이나 스타일을 칭찬하면서 대화를 긍정적으로 이끌어 가요.

## 그 재킷이 당신에게 잘 어울려요.

* '~에게 잘 어울려요'는 어떤 패턴을 사용해서 이야기할 수 있을까요?

## 초록색이 그에게 잘 어울려요.

## 이 반지가 당신에게 잘 어울려요.

## 이 넥타이가 그에게 잘 어울려요.

* '넥타이'는 영어로 어떻게 말할 수 있을까요?

## 이 모자가 당신에게 잘 어울려요.

This sweater looks good on him.

Pink looks good on her.

# A.083

## I should have helped you.
당신을 도왔어야 했는데요.

### I should have called you.

### I should have locked the door.

### I should have waited for you.

### I should have thanked him.
*thank는 '감사하다', '감사 인사를 하다'라는 의미예요.

### I should have eaten breakfast.
*eat breakfast는 '아침을 먹다'라는 뜻이에요.

---

★ 말 만들어 보기 | 한글을 보고 영어를 만들어 보세요. 답은 오른편에 있습니다.

더 열심히 일했어야 했는데요.　　　　　　　　　　.................................................

그녀에게 사과했어야 했는데요.　　　　　　　　　.................................................

*work hard 열심히 일하다

A.083 강의 :

I should have + p.p.는 '~했었어야 했는데요'란 뜻으로, 과거에 하지 않은 일에 대한 후회나 아쉬움을 표현해요. 예를 들어, I should have called you.는 '당신에게 전화했어야 했는데 그러지 못했어요'란 뜻이에요. 이 표현은 자신의 실수를 인정하거나, 상황을 더 좋게 만들기 위해 무엇을 했어야 했는지를 부드럽게 말할 때 사용돼요.

### 당신에게 전화했어야 했는데요.
* I should have + p.p.를 사용해서 얘기해 보세요!


### 문을 잠갔어야 했는데요.
* '문을 잠그다'는 영어로 어떻게 표현할까요?


### 당신을 기다렸어야 했는데요.


### 그에게 감사 인사를 했어야 했는데요.


### 아침을 먹었어야 했는데요.




I should have worked harder.
I should have apologized to her.

# A.084

# Thank you for helping me.

도와주셔서 감사합니다.

### Thank you for your support.

### Thank you for your advice.
*advice는 '조언'이란 뜻이에요.

### Thank you for your kindness.

### Thank you for inviting me.
*invite는 '초대하다'라는 의미예요.

### Thank you for the gift.

★ 말 만들어 보기 | 한글을 보고 영어를 만들어 보세요. 답은 오른편에 있습니다.

식사 대접해 줘서 고마워요.
와 줘서 고마워요.

*meal 식사  come 오다

200

A.084 강의:

Thank you for ~는 '~해 줘서 고마워요'란 뜻으로, 상대방이 해 준 행동, 제공한 물건, 또는 보여 준 마음에 대해 감사를 전할 때 사용하는 표현이에요. 예를 들어, Thank you for helping me.는 '당신이 나를 도와준 것에 대해 고마워요'라는 뜻으로, 상대방의 행동에 대한 진심 어린 감사를 전달합니다. 원어민들은 이 패턴을 사용해 감사의 마음을 구체적으로 표현하며 대화의 분위기를 따뜻하게 만들어요.

### 당신의 지원에 감사드립니다.

\*Thank you for ~ 패턴을 사용해서 이야기해 보세요!

### 조언해 줘서 고마워요.

### 친절하게 대해 줘서 고마워요.

### 초대해 줘서 고마워요.

\*'초대하다'는 어떤 단어를 사용해 이야기할 수 있죠?

### 선물 고마워요.

Thank you for the meal.

Thank you for coming.

# A.085

## I don't have a car.
나는 차가 없어요.

## I don't have time.

## I don't have energy.

## I don't have patience.
\* patience는 '인내심'이라는 의미예요.

## I don't have the confidence.
\* confidence는 '자신감'이라는 뜻이에요.

## I don't have a job.

---

★ **말 만들어 보기** | 한글을 보고 영어를 만들어 보세요. 답은 오른편에 있습니다.

나는 그 기술이 없어요. .................................................
나는 지금 의욕이 없어요. .................................................

\* motivation 동기, 의욕

A.085 강의 :

I don't have ~는 '나는 ~가 없어요'란 뜻으로, 소유, 필요성, 또는 어떤 감정 상태를 부정할 때 사용하는 표현이에요. 예를 들어, I don't have time.은 '나는 시간이 없어요'라는 뜻으로, 시간이 부족함을 표현합니다.

### 나는 시간이 없어요.
* '나는 ~가 없어요'를 패턴으로 한번 표현해 보세요!

### 나는 에너지가 없어요.

### 나는 인내심이 없어요.
* '인내심'은 영어로 어떻게 이야기할 수 있을까요?

### 나는 자신감이 없어요.

### 나는 직업이 없어요.

I don't have the skills.
I don't have the motivation right now.

# A.086

## I am good at cooking.
나는 요리를 잘해요.

### I am good at drawing.

### I am good at listening.

### She is good at writing.

### He is good at solving problems.
* solve는 '해결하다'라는 뜻이에요.

### He is good at running.

★ 말 만들어 보기 | 한글을 보고 영어를 만들어 보세요. 답은 오른편에 있습니다.

그녀는 비밀을 잘 지켜요.    ..................................................
그녀는 영어 말하기를 잘해요.    ..................................................

*keep a secret 비밀을 지키다

A.086 강의 :

be good at ~은 '~를 잘해요'란 뜻으로, 특정 활동이나 능력에서 뛰어나거나 능숙함을 표현하는 데 사용해요. 예를 들어, I am good at cooking.은 '나는 요리를 잘해요'란 뜻으로, 요리에 자신이 있거나 능숙하다는 점을 전달해요. 이 표현은 자신의 능력을 칭찬할 때는 물론, 누군가의 강점을 인정할 때도 유용해요.

### 나는 그림을 잘 그려요.
* '~를 잘해요'는 어떤 패턴을 사용해 말할 수 있을까요?

### 나는 잘 들어 줘요.

### 그녀는 글을 잘 써요.

### 그는 문제를 잘 해결해요.
* '문제를 해결하다'를 영어로 한번 이야기해 보세요!

### 그는 달리기를 잘해요.

She is good at keeping secrets.

She is good at speaking English.

# A.087

## I love coffee.
**나는 커피를 정말 좋아해요.**

## I love reading books.

## I love helping others.

## I love traveling.

## I love sharing stories.
*share는 '나누다', '공유하다'라는 의미예요.

## I love playing games.

★ 말 만들어 보기 | 한글을 보고 영어를 만들어 보세요. 답은 오른편에 있습니다.

나는 한식을 정말 좋아해요.  ......................................................
나는 샐러드를 정말 좋아해요.  ......................................................

*Korean food 한식

A.087 강의 :

I love ~는 '나는 ~를 정말 좋아해요'라는 뜻으로, 어떤 것을 아주 좋아할 때 써요. 그냥 좋아한다는 걸 넘어서 진짜 애정을 느낀다는 뉘앙스가 있어요. 원어민들은 일상 대화에서 자신의 취향을 공유하거나 대화를 시작할 때 이 표현을 자주 사용해요.

### 나는 책 읽는 것을 정말 좋아해요.

### 나는 다른 사람을 돕는 것을 정말 좋아해요.
* '다른 사람을 돕다'는 영어로 뭐라고 표현할까요?

### 나는 여행을 정말 좋아해요.

### 나는 이야기를 나누는 것을 정말 좋아해요.

### 나는 게임하는 것을 정말 좋아해요.
* '게임하다'는 영어로 어떻게 말할 수 있을까요?

I love Korean food.
I love salad.

# A.088

## I enjoy jogging.
나는 조깅하는 걸 즐겨요.

## I enjoy reading.

## I enjoy cooking.

## I enjoy teaching.

## I enjoy singing.

## I enjoy making videos.
\* video는 '영상'이라는 뜻이에요.

★ **말 만들어 보기** | 한글을 보고 영어를 만들어 보세요. 답은 오른편에 있습니다.

나는 연기하는 것을 즐겨요.　　　　　　　　........................................
나는 새로운 사람들을 만나는 것을 즐겨요.　　........................................

\* act 연기하다

A.088 강의 :

I enjoy ~는 '나는 ~를 즐겨요'라는 뜻이에요. 좋아하면서 자주 하는 활동을 말할 때 잘 어울려요. I enjoy reading.은 '나는 책 읽는 걸 좋아하고 즐겨요'라는 뜻이에요. 단순히 좋아하는 걸 넘어서 그걸 하면서 기분도 좋다는 느낌이에요. 취미나 일상에 대해 얘기할 때 자연스럽게 쓸 수 있어요.

### 나는 책 읽는 것을 즐겨요.
*I enjoy 뒤에는 동명사(-ing) 형태가 와야 해요.

### 나는 요리하는 것을 즐겨요.

### 나는 가르치는 것을 즐겨요.

### 나는 노래하는 것을 즐겨요.

### 나는 영상 제작을 즐겨요.

I enjoy acting.
I enjoy meeting new people.

# A.089

## I'm into jazz.
나는 재즈를 좋아해요.

## I'm into K-pop.

## I'm into action movies.
*action movie는 '액션 영화'라는 뜻이에요.

## I'm into fashion.

## I'm into coding.

## I'm into dancing.

★ **말 만들어 보기** | 한글을 보고 영어를 만들어 보세요. 답은 오른편에 있습니다.

나는 클래식 음악에 관심 있어요.　..................................................
나는 예술에 관심 있어요.　..................................................

*classical music 클래식 음악

A.089 강의 :

I'm into ~는 '나는 ~를 좋아해요'란 뜻으로, 흥미를 느끼거나 좋아하는 주제를 캐주얼하게 표현하는 데 사용하는 패턴이에요. 예를 들어, I'm into hiking.은 '나는 등산을 좋아해요'라는 뜻으로, 단순히 좋아하는 것을 넘어 흥미롭게 여기고 자주 즐긴다는 뉘앙스를 전달합니다.

### 나는 케이팝을 좋아해요.

### 나는 액션 영화를 좋아해요.

### 나는 패션에 관심 있어요.

### 나는 코딩에 관심 있어요.

### 나는 춤추는 것을 좋아해요.

* '~하는 것을 좋아해요'는 영어로 어떤 패턴을 사용해 얘기할 수 있을까요?

I'm into classical music.
I'm into art.

# A.090

# In my opinion, running is fun.

**내 생각에 달리기는 재미있어요.**

In my opinion, this game is fun.

In my opinion, math is hard.

In my opinion, this is easy.

In my opinion, dogs are friendly.
*friendly는 '친근한'이란 뜻이에요.

In my opinion, swimming is healthy.

★ 말 만들어 보기 | 한글을 보고 영어를 만들어 보세요. 답은 오른편에 있습니다.

내 생각에 고양이는 귀여워요.
내 생각에는 이게 더 나아요.

*better 더 나은

A.090 강의 :

'In my opinion, + 주제'는 '내 생각에 ~예요'란 뜻으로, 자신의 생각을 정중하게 말할 때 쓰는 표현이에요. 예를 들어, In my opinion, pizza is great.는 '내 생각에 피자는 맛있어요'라는 뜻이에요. 이 패턴은 너무 강하지 않고 부드럽게 말할 수 있어서 다른 사람과 대화할 때 자연스럽게 쓸 수 있어요. 쉬운 주제부터 시작해 보세요!

### 내 생각에 이 게임은 재미있어요.

### 내 생각에 수학은 어려워요.
* '어려운'은 영어로 뭐라고 할까요?

### 내 생각에 이건 쉬워요.

### 내 생각에 강아지는 친근해요.
* '친근한'은 어떤 단어로 이야기할 수 있을까요?

### 내 생각에 수영은 건강에 좋아요.

In my opinion, cats are cute.

In my opinion, this is better.

# A.091

## I work as a doctor.

나는 의사로 일해요.

## I work as a nurse.

## I work as a lawyer.

## I work as an artist.

## I work as a tour guide.

*tour guide는 '관광 가이드'라는 뜻이에요.

## I work as a writer.

★ 말 만들어 보기 | 한글을 보고 영어를 만들어 보세요. 답은 오른편에 있습니다.

나는 소방관으로 일해요.
나는 농부로 일해요.

*firefighter 소방관  farmer 농부

A.091 강의 :

'I work as a/an + 직업'은 자신이 무슨 일을 하는지 소개할 때 사용하는 표현이에요. 예를 들어, I work as a teacher.는 '나는 선생님으로 일해요'라는 뜻이에요. 이 표현은 직업의 종류를 정확히 말하면서, 듣는 사람이 쉽게 이해할 수 있도록 도와줘요. 원어민들은 이 패턴을 자신의 전문 분야나 역할을 설명할 때 많이 사용해요.

**나는 간호사로 일해요.**

**나는 변호사로 일해요.**

**나는 예술가로 일해요.**

**나는 관광 가이드로 일해요.**

* '관광 가이드'를 영어로 떠올리고 입으로 툭 이야기해 보세요.

**나는 작가로 일해요.**

I work as a firefighter.
I work as a farmer.

# A.092

## I'm tired of my job.
내 일이 지겨워요.

**I'm tired of** this weather.

**I'm tired of** waiting.

**I'm tired of** cooking every day.

**I'm tired of** watching TV.

**I'm tired of** feeling lonely.
*lonely는 '외로운'이라는 의미예요.

★ 말 만들어 보기 | 한글을 보고 영어를 만들어 보세요. 답은 오른편에 있습니다.

일찍 일어나는 것에 질렸어요.

출퇴근하는 것이 지겨워요.

*commute 출퇴근하다

A.092 강의 :

I'm tired of ~는 '~에 질렸어요' 또는 '~가 지겨워요'라는 뜻이에요. 같은 일이 반복되거나, 스트레스를 주는 상황에 대해 말할 때 써요. I'm tired of waiting.은 '기다리는 것에 지쳤어요'라는 말이에요. 원어민들은 감정을 너무 세게 말하지 않고, 살짝 피곤하다는 느낌으로 표현할 때 이 문장을 자주 사용해요.

### 이 날씨에 질렸어요.
* '~에 질렸어요'는 어떤 패턴으로 이야기할 수 있을지 생각해 보세요!

### 기다리는 것에 질렸어요.

### 매일 요리하는 것에 질렸어요.

### TV 보는 게 지겨워요.

### 외로움을 느끼는 것에 질렸어요.
* '외로움을 느끼다'는 영어로 뭐라고 할까요?

I'm tired of waking up early.
I'm tired of commuting.

# A.093

## I was about to leave.
막 나가려던 참이었어요.

I was about to clean my room.

I was about to call a taxi.
*call a taxi는 '택시를 부르다'라는 의미예요.

I was about to eat lunch.

I was about to call you.

I was about to open the door.

★ 말 만들어 보기 | 한글을 보고 영어를 만들어 보세요. 답은 오른편에 있습니다.

막 숙제를 끝내려던 참이었어요.  ...................................................
막 밖에 나가려던 참이었어요.  ...................................................

*go outside 밖으로 나가다

A.093 강의 :

I was about to ~는 '막 ~하려던 참이었어요'란 뜻으로, 어떤 행동을 바로 하려고 했지만, 그 전에 다른 일이 생겼거나 중단된 상황을 말할 때 사용해요. 예를 들어, I was about to call you.는 '막 당신에게 전화하려던 참이었어요'라는 뜻이에요. 원어민들은 과거에 계획했던 일이 끊긴 상황을 전달하고자 할 때 이 표현을 자주 씁니다.

**막 방을 청소하려던 참이었어요.**

**막 택시를 부르려던 참이었어요.**

**막 점심을 먹으려던 참이었어요.**

**막 당신에게 전화하려던 참이었어요.**
* '당신에게 전화하다'는 영어로 어떻게 표현할까요?

**막 문을 열려던 참이었어요.**

I was about to finish my homework.
I was about to go outside.

# A.094

## That's why I'm happy.
그래서 제가 행복한 거예요.

## That's why I'm excited.

## That's why I cried.

## That's why I'm here.

## That's why I'm nervous.

## That's why I'm upset.
*upset은 '속상한', '화난'이란 뜻이에요.

★ 말 만들어 보기 | 한글을 보고 영어를 만들어 보세요. 답은 오른면에 있습니다.

그래서 제가 피곤한 거예요.  
그래서 제가 늦은 거예요.

*late 늦은

A.094 강의 :

That's why ~는 '그래서 ~한 거예요'란 뜻으로, 어떤 행동이나 상황의 이유를 간단히 설명할 때 사용하는 표현이에요. 예를 들어, That's why I'm late.는 '그래서 제가 늦은 거예요'라는 뜻으로, 이유를 강조하면서도 자연스럽게 상황을 설명할 수 있어요. 원어민들은 대화를 정리하거나 상대방의 궁금증에 답할 때 이 패턴을 자주 사용해요.

### 그래서 제가 신난 거예요.

### 그래서 제가 물었던 거예요.

### 그래서 제가 여기에 있는 거예요.

### 그래서 제가 긴장한 거예요.
* '긴장한'은 영어로 뭐라고 할까요?

### 그래서 제가 속상한 거예요.

That's why I'm tired.
That's why I'm late.

# A.095

# To be honest, I'm tired.

**솔직히 말해서, 저는 피곤해요.**

## To be honest, I don't like this.

## To be honest, I'm scared.
* scared는 '무서운'이라는 의미예요.

## To be honest, I don't care.

## To be honest, I love this song.

## To be honest, I feel sad.

★ 말 만들어 보기 | 한글을 보고 영어를 만들어 보세요. 답은 오른편에 있습니다.

솔직히 말해서, 저는 청소하는 걸 싫어해요. .................................................
솔직히 말해서, 저는 이해가 안 돼요. .................................................

* understand 이해하다

A.095 강의 :

'To be honest, + 주제'는 '솔직히 말해서, ~예요'란 뜻으로, 자신이 느끼거나 생각하는 것을 솔직하게 말할 때 사용하는 표현이에요. 예를 들어, To be honest, I'm tired. 는 '솔직히 말해서, 저는 피곤해요'라는 뜻으로, 감정을 숨기지 않고 표현하고 싶을 때 자주 쓰여요. 이 표현은 상대방에게 진실되게 다가가려는 느낌을 줘요.

### 솔직히 말해서, 저는 이걸 좋아하지 않아요.
* '솔직히 말해서'라는 표현을 알면 바로 말할 수 있답니다.

### 솔직히 말해서, 저는 무서워요.

### 솔직히 말해서, 저는 신경 쓰지 않아요.

### 솔직히 말해서, 저는 이 노래를 정말 좋아해요.

### 솔직히 말해서, 저는 슬퍼요.

To be honest, I hate cleaning.
To be honest, I don't understand.

# A.096

# It's getting more fun.
점점 더 재미있어지고 있어요.

### It's getting faster.

### It's getting windy.
*windy는 '바람이 부는'이라는 의미예요.

### It's getting sunny.

### It's getting exciting.

### It's getting boring.

★ 말 만들어 보기 | 한글을 보고 영어를 만들어 보세요. 답은 오른편에 있습니다.

점점 더 소리가 커지고 있어요. ......................................
점점 더 저렴해지고 있어요. ......................................

*cheaper 더 싼, 더 저렴한

A.096 강의 :

It's getting ~은 '점점 ~해지고 있어요'란 뜻으로, 어떤 상태나 상황이 변하고 있음을 설명할 때 사용하는 표현이에요. 예를 들어, It's getting cold.는 '날씨가 점점 추워지고 있어요'라는 뜻으로, 변화하는 날씨를 전달하는 데 유용해요. 원어민들은 날씨, 기분, 상태 등의 변화를 이야기할 때 이 패턴을 자주 사용해요.

### 점점 더 빨라지고 있어요.
* '더 빨라지는'을 비교급을 사용해서 얘기해 보세요.

### 바람이 점점 불고 있어요.

### 점점 해가 나고 있어요.

### 점점 흥미로워지고 있어요.

### 점점 지루해지고 있어요.

It's getting louder.

It's getting cheaper.

# A.097

## I'm afraid I'm late.
늦어서 죄송합니다.

## I'm afraid I forgot.

## I'm afraid I can't come.

## I'm afraid you're wrong.

## I'm afraid I can't agree.
*agree는 '동의하다'라는 뜻이에요.

## I'm afraid it might rain.

★ 말 만들어 보기 | 한글을 보고 영어를 만들어 보세요. 답은 오른편에 있습니다.

유감이지만, 이건 너무 어려워요.
유감스럽지만, 제가 그걸 끝낼 수 없을 것 같아요.

*finish 끝내다

A.097 강의 :

안타까운 소식을 전할 때는, 바로 말하기보다 I'm afraid ~처럼 부드럽게 표현하는 게 좋아요. I'm afraid ~는 '죄송하지만', '유감스럽지만' 같은 말로, 정중하게 말할 때 자주 쓰이는 표현이에요.

### 죄송하지만, 제가 잊어버렸어요.
* '잊다'는 영어로 어떻게 이야기할 수 있을까요?

### 유감스럽지만, 갈 수 없어요.

### 유감이지만, 당신이 틀린 것 같아요.
* '틀린'을 영어로 먼저 떠올려 보세요.

### 유감스럽지만, 동의할 수 없어요.

### 비가 올까 봐 걱정돼요.

I'm afraid this is too difficult.
I'm afraid I can't finish it.

# A.098

## I didn't mean to hurt you.

당신을 상처 주려던 게 아니었어요.

I didn't mean to be rude.

I didn't mean to shout.

I didn't mean to be late.

I didn't mean to lie.

I didn't mean to make a mistake.

*make a mistake는 '실수하다'라는 의미예요.

★ 말 만들어 보기 | 한글을 보고 영어를 만들어 보세요. 답은 오른편에 있습니다.

잊으려던 게 아니었어요.
당신을 불쾌하게 하려던 게 아니었어요.

*offend 불쾌하게 하다

A.098 강의 :

상대에게 미안한 마음을 전하고 싶을 땐, I didn't mean to hurt you.처럼 말할 수 있어요. I didn't mean to ~는 '일부러 그런 게 아니에요', '그럴 의도는 없었어요'라는 뜻으로, 실수로 상처를 줬거나 오해가 생겼을 때 쓰면 좋아요. 진심 어린 사과가 담긴 표현이라 상대방도 마음을 열기 쉬워지죠.

### 무례하게 굴려던 게 아니었어요.
* '~하려던 게 아니었어요'는 어떤 패턴으로 얘기할 수 있을까요?

### 소리 지르려던 게 아니었어요.

### 늦으려던 게 아니었어요.

### 거짓말하려던 게 아니었어요.

### 실수하려던 게 아니었어요.

I didn't mean to forget.
I didn't mean to offend you.

# A.099

# I finished shopping.

**저는 쇼핑을 끝냈어요.**

## I finished reading.

## I finished the project.

## I finished studying.
*study는 '공부하다'라는 뜻이에요.

## I finished cleaning.

## I finished the task.
*task는 '업무'라는 의미예요.

★ **말 만들어 보기** | 한글을 보고 영어를 만들어 보세요. 답은 오른편에 있습니다.

저는 보고서를 끝냈어요.
저는 다 먹었어요.

*report 보고서

A.099 강의 :

I finished ~는 숙제, 청소, 프로젝트처럼 무언가를 완료했을 때 아주 기본적으로 많이 쓰이는 표현이에요. 학교나 직장에서든, 친구와의 대화에서든 자연스럽게 자주 등장하니 익혀 두시면 좋아요.

**저는 읽는 것을 끝냈어요.**

**저는 그 프로젝트를 끝냈어요.**

**저는 공부를 끝냈어요.**

**저는 청소를 끝냈어요.**

**저는 그 업무를 끝냈어요.**
* '업무'는 영어로 어떻게 표현할까요?

I finished the report.
I finished eating.

# A.100

# I'm dying to see you.
**정말 당신이 보고 싶어요.**

## I'm dying to know the truth.
*know는 '알다', truth는 '진실'이라는 의미입니다.

## I'm dying to sleep.

## I'm dying to visit Paris.

## I'm dying to read that book.

## I'm dying to hear the news.

★ **말 만들어 보기** | 한글을 보고 영어를 만들어 보세요. 답은 오른편에 있습니다.

정말 이 디저트를 먹어 보고 싶어요.　　　　..........................................
정말 영어를 배우고 싶어요.　　　　　　　　..........................................

*dessert 디저트

A.100 강의 :

I'm dying to ~는 '정말 ~하고 싶어요'란 뜻으로, 강한 열망이나 간절함을 표현할 때 사용하는 캐주얼한 표현이에요. 원어민들은 특정 활동을 하고 싶거나, 무언가를 알고 싶을 때 과장된 느낌으로 이 구문을 자주 사용해요. 예를 들어, I'm dying to try that new restaurant.(그 새로 문 연 식당에 정말 가 보고 싶어요)는 단순히 가 보고 싶다는 것을 넘어, 정말로 기대되고 간절하다는 느낌을 전달합니다.

### 정말 진실을 알고 싶어요.
* '진실을 알다'를 영어로 이야기해 보세요.

### 정말 자고 싶어요.

### 정말 파리에 가 보고 싶어요.

### 정말 그 책을 읽고 싶어요.

### 정말 그 소식을 듣고 싶어요.
* '그 소식을 듣다'를 영어로 먼저 떠올려 보세요!

I'm dying to try this dessert.
I'm dying to learn English.

## 외우지 않는 편안함
# 동사 X 전치사 도감

**부록**

**학습용 MP3 2종 제공**

1. 말하기 연습용
2. 영문 학습용

권은희 지음 | 363쪽 | 19,800원

## 이미지로 기억되니 외우지 않아도 된다!

쉬운 '전치사 30개 x 동사 43개'로 1,000 이상의 표현을 머릿속에!

| | | |
|---|---|---|
| **난이도** | 첫걸음 \| 초급 \| 중급 \| 고급 | |
| **대상** | 쉬운 표현으로 원어민처럼 얘기하고 싶은 학습자 | |
| **기간** | 기간과 순서에 관계없이 학습 | |
| **목표** | 전치사 30개와 동사 43개의 개념을 집1,000개 이상의 표현으로 활용 | |

# 한 달 영어발음 교정

파파 잉글리시(방그레) 지음 | 216쪽 | 17,000원

## Smooth like butter~ 한국식 발음을 버터처럼 부드럽게!

굳은 혀가 풀리고 원어민식 발음이 튀어나오는 연음 학습

| 난이도 | 첫걸음 / **초급** / **중급** / 고급 | 기간 | 하루 15분, 1개월 |
|---|---|---|---|
| 대상 | 짧은 시간 안에 세련된 영어발음을 만들고 싶은 학습자 | 목표 | 한국식 영어 발음을 원어민식 발음으로 교정 |